中国共产党诞生地
出版工程

龙华英烈画传系列丛书

冯铿
画传

中共上海市委党史研究室　龙华烈士纪念馆　编

董婧　著

上海人民出版社

龙华英烈画传系列丛书编委会

出版说明

　　"一个有希望的民族不能没有英雄，一个有前途的国家不能没有先锋。"习近平总书记强调，对一切为国家、为民族、为和平付出宝贵生命的人们，不管时代怎样变化，我们都要永远铭记他们的牺牲和奉献。为弘扬以伟大建党精神为源头的中国共产党人精神谱系，用好英烈红色资源，号召在全社会树立崇尚英雄、缅怀先烈的良好风尚，从中汲取为中华民族伟大复兴继续奋进的强大精神力量，由中共上海市委宣传部组织，中共上海市委党史研究室、龙华烈士纪念馆编写龙华英烈画传系列丛书，致敬为真理上下求索、为信仰奋斗牺牲的革命先驱们。

　　上海市龙华烈士陵园（龙华烈士纪念馆）是党的创建和大革命时期、土地革命战争时期著名英烈人物最为集中的纪念地。在新中国成立前中国共产党产生了 171 位中央委员，其中有 42 人牺牲，在龙华牺牲了 7 位，占六分之一；首届中共中央监察委员 10 人中有 8 人牺牲，在龙华牺牲了 4 位，占二分之一；其他曾在龙华被押过的革命者更是数以千计。2021 年 7 月，为庆祝中国共产党成立 100 周年，首度编辑出版"龙华英烈画传系列丛书",分成 11 册,讲述了罗亦农、杨殷、彭湃、陈延年、赵世炎、陈乔年、林育南、杨匏安、张佐臣、许白昊、杨培生 11 位龙华英烈的事迹。现再推出李求实、柔石、胡也频、冯铿、殷夫"左联五烈士"的画传,分 5 册,按照英烈生平脉络,选取若干重要历史事件,配以反映历史背景、切合主题内容、延伸相关阅读的丰富历史图片,以图文并茂的方式叙写龙华英烈们在风雨如晦中坚持真理、坚守理想,在筚路蓝缕中践行初心、担当使命,在艰难寻路中不怕牺牲、英勇斗争,在生死考验中对党忠诚、不负人民,把人生价值和理想追求深深植根于谋求民族复兴、人民幸福之中,彰显早期中国共产党人为中国革命披肝沥胆的无畏与牺牲,实现救国救民的初心与力量。

丛书所收录的图片和史料多源自各兄弟省市党史研究室、纪念场馆,以及中共上海市委党史研究室、龙华烈士纪念馆等的公开出版物及展陈,或源自英烈后代、专家学者的珍藏。基本采用历史事件发生时期的老照片,但由于年代久远且条件有限,部分无法直接利用的老照片,或进行必要修复,或通过对现存史料进行考证后重新拍摄。

丛书反映内容跨度长、涉及面广、信息量大且年代久远,编写人员虽竭尽全力,但不足和疏漏之处在所难免,敬请广大读者批评指正。

目
录

冯铿画传

出生书香门第

FENG KENG

十月先开岭上梅

在南国的岭东地带，韩江之滨，潮州城下，有座冯公馆。馆主人原籍浙江杭州，清末迁来广东潮州城南门云步村四甲乡，做了个小小盐官。因资助一位外地的寒士上京赴闱而惹官诽，弄得门庭冷落，归陷困境。后来那位寒士金榜题名，贵为广东巡按，出巡潮州，拜访冯公馆。于是，冯家又由败落而中兴。

清光绪三十三年丁未十月初十日，即公元 1907 年 11 月 15 日，冯公馆诞生了一个小女婴，这就是后来闻名中外的"左联"五烈士之一的冯铿。由于冯铿出生的日子很特别，她的大哥冯印月据唐代樊晃的诗《南中感怀》"南路蹉跎客未回，常嗟物候暗相催。四时不变江头草，十月先开岭上梅。"给她取了个颇为文雅的名字——岭梅，这就是冯铿的原名。又因为她刚出生时便喜欢摆弄手脚，像螃蟹一般，父亲冯孝庚随口念了一首皮日休咏蟹的诗："未游沧海早知名，有骨还从肉上生。莫道无心畏雷电，海龙王处也横行。"所以妈妈又给冯铿取了个乳名叫蟹。稍长，冯铿在家的绰号是严兰贞，在校的绰号是母夜叉，这都彰显着她是个从不示弱的强悍者。尔后，她曾用岭梅女士、绿萼、冯占春、雷若、冯铿等笔名发表文章。

冯铿的父亲冯孝庚出生在书香门第，饱读诗书，知识渊博，富有文才。少年时跟随当幕僚的父亲来到广州，后宦游潮州，喜好饮酒、赋诗、会友、教书，是粤东一带的古文名宿。除了教书、读书，对于家中的大小事，他是一概都不闻不问的；整天只见他颓唐地横躺在床上，吸着水烟筒，手里拿着一卷线装书。年幼的冯铿曾借用韩愈的《进学解》，当面讥笑父亲："冬暖而儿号寒，年丰而妻啼饥。"父亲一点也不因为"儿寒妻饥"而惹起愁闷，却拍案叫好，"有女能作如是语，乃人生大乐也！"冯铿的母

冯铿故居地理位置示意图

亲卢椿祖籍浙江绍兴，卢氏的父亲和祖父都是"绍兴师爷"，在冯铿母亲未满 10 岁时，便举家迁至揭阳，父亲曾在清廷大臣丁日昌的门下做幕僚。卢氏上过私塾，聪慧能干，会流利地讲国语、粤语、绍兴话、客家话、潮州话，曾在汕头友联中学任教。冯铿父母的婚姻虽是由父母包办，但也还差强人意。冯家一共有五个孩子。大儿子冯印月，他的名字别具深意，是父亲为怀念杭州西湖而起的。冯印月文弱消瘦，颇有诗才，以教书为生，曾任汕头岭东中学校长，是个只会读书，但不太会挣钱的人。曾经有一个朋友当县长，带他一同上任，住了三天冯印月就跑了，说是受不了那边的井水带咸味，其实是习惯不了官府的生活。冯印月与清末民初潮州大儒饶锷是至交，为"壬社"诗社盟员，与石铭吾、许伟余、杨光祖等相互唱酬诗词，诗名甚广。他曾在凤湖写过一首七绝：凤泊鸾飘何日已，湖光山色入秋初。金瓯满眼胸残缺，"天问"书成恨有余。饶锷曾在《与冯印月书》一文中称赞他"足下论文具有只眼非同流俗泛泛者"。许伟余在《哭冯印月》一诗中称他诗才敏捷为"捷急愈响报，四韵八叉成"。全民族抗战期间，冯印月曾为潮汕地区共产党组织主办的进步刊物《谷声》定刊名、组稿审稿，后来不幸客死于惠来城外的一所庙宇里。冯家小儿子冯瘦菊，因出生于 1902 年阴历九月初九，故用此名。他属虎，小名叫石虎，又名江涛、白桦。其人狂猖自由，善诗嗜酒，颇有名士派头。与潮汕革命领袖彭湃、杨石魂、李春涛等人是密友，与郁达夫是诗友，与许美勋（许峨）一同发起火焰文学社，主编《火焰周刊》。曾投笔从戎，参加北伐战争，历经汀泗桥等战役，直捣武汉三镇。在《武昌城外马上口占》一诗中慷慨高歌："千里驱驰百战来，武昌城外大江回。夕阳红似征人血，管领河山要霸才。新垒荒城草色黄，龟山云树晓苍苍。腥风十里从军曲，战马长嘶过汉阳。"冯氏父子三人在潮汕一带诗名盛传，曾被《大岭东日报》主笔许唯心称为"汕头三苏"。冯家有两个

冯铿故居

冯铿故居内院

冯铿故居后院的大榕树

女儿，大女儿是冯素秋，小女儿是冯铿。此外，家里还有一个被称为"白毛"的老妾，常年在厨房忙碌，满面悲愁，有一个二儿子，名叫冯熊，为白毛老妾所生，离家当兵，不知下落。此外，冯铿还有三个兄姐，已无从查考了。由于家庭人口多，又不善谋生，冯家生活日陷穷窘。

冯铿排行第八，是家中最小的女儿，她自幼便受到书香世家的熏陶，酷爱文学。正直、多情、有反抗性而富于文才的姐姐冯素秋，对她影响最深。姐姐曾教冯铿读了不少旧诗词，还给她讲过很多古代英雄美人的故事，诸如嫦娥奔月、红线盗盒、李靖与红拂、张珙与莺莺，以及武松、李逵、孔明、周瑜、宝玉、晴雯等，这些形象都活生生地刻印在冯铿稚弱而好奇的心灵中。冯铿8岁便在潮州一所新旧合璧的小学念书，10岁以后举家迁往汕头崎碌，就读新式小学礐石正光女校，同学有刘选韵、陈婉华、许心影（许兰苏）、许玉磬（彭湃爱人）等人。后来移居汕头商业街尾52号，濒临海滨，门外写着"海屋"二字。日出日没，潮涨潮落，对岸朦胧的岩石山峰，窗前明净的海滨沙滩，这些自然美景，强烈地吸引着少女冯铿，触发着她的奇思异想。每天黄昏，冯铿喜欢带着侄儿冯武洸（冯印月之子）到海滨漫步。冯铿还买了一座假山和几只小虎的摆件，小虎围着假山前后，放在窗前书桌上，她会给侄儿讲述武松打虎的故事。每年暑假，她也常

带着侄儿乘潮汕小火车，坐小船，向桑浦山区进发，到她父亲的高足许美勋的故乡旗地去度假，跟农家孩子玩耍，过着宁静的乡村生活。

冯铿从小就生得浓眉大眼，貌似男子，不喜修饰，而爱辩论，笑起来脸上明显呈现出一个酒窝儿。刚正倔强只是她性格的一面，另一面她又是个心地慈善、怜惜弱小的人，即使是一只小鸟或蜻蜓，也都珍爱着它，绝不伤害。冯铿常说"敢打老虎的才是武松，欺弱小不算好汉"。从家里到学校，冯铿都要经过一个贫民窟，其中一个只披着一片破麻袋的白发乞丐，常常会引起她的注意，每天见到时，冯铿总要给他一点东西。烈火般的性子和秋水般的心灵荟萃于一身，并且达到和谐的统一，在她复杂性格的"和弦"中，始终回响着一个敏锐而强烈、聪慧而多思的"主旋律"。

我要学秋瑾

家里对冯铿影响最大的当属姐姐冯素秋。冯素秋出生于1894年9月，比冯铿年长些，为人温存柔顺，平日里笑不露齿，行不动裙，低首敛眉，细语轻声。冯素秋学得满腹诗书，著有《秋声集》二卷（散佚），曾吟成了"今夜夜灯灯如豆，更无魂向此中销"这样的佳句。冯素秋同样也写得一手娟秀俊逸的好字，连她的刺绣也是精妙绝伦，如同她的书法，她的诗情。包括姐姐的闺房，也布置得淡雅清幽，韵如其人。从小，姐姐教冯铿绣花描红，吟读古诗。早晨刚起身时，姐姐常常一面拿着面巾，一面打着水，嘴里便唱着一些诗词警句，有时故意装着腔调，拉长嗓子，好像和百灵鸟在比赛似的。那些很好听的像唱歌似的诗词，不间歇地响亮在她的嘴里。姐妹俩都特别喜欢秋瑾的诗，喜欢"秋风秋雨愁煞人"等名句。姐姐还给小小年纪的妹妹讲了许多故事，包括外国的人物、故事，俄国女革命者苏菲亚的事迹尤其给冯铿留下了深刻难忘的印象。

冯素秋胆略过人，曾立志要继承秋瑾的未竟事业，秘密策划

姐姐冯素秋和
丈夫蔡梦香合影

革命，准备起义。武昌首义成功后，她放弃革命计划，与丈夫著名诗书画家蔡梦香一起在潮汕兴办女子教育，开设"困而学舍"，培养了大批优秀人才。她敢于反抗封建礼教，追求自由恋爱与婚姻，倡导女性独立自强，是潮汕妇女解放运动的先驱。作为潮汕早期的革命者、教育者、女权者、女诗人，堪称一代女杰。

对冯铿影响最深的莫过于姐姐20岁时闹自由恋爱的事，这件事也轰动了整个封建的古老的潮州城。为了这份爱，姐姐不畏阻力，终于挣得了婚姻的自主权利。她的叫号和悲歌，她的怒眉漫骂，她那火热的斗争……这些尖锐深刻的印象留在冯铿的脑子里永久如新。在冯铿的心里总是认为："姐姐没有错，她那样慈和、正直、豪爽、多情，这些难道是不对吗？假如有错的话，一定是爹妈，因为他们反对她的恋爱。"姐姐爱一个男人，冯铿是知道的，虽然那时还只一知半解，但总是同情姐姐。后来姐姐胜利了，冯铿也为她感到十分欢喜，但很快冯铿发现姐姐仍旧不快乐，有时还偷偷在哭。她不明白，天真的冯铿曾问姐姐："你为什么不学那些书里的剑侠飞仙，斩尽世间仇人？为什么不与令你痛苦的人一刀两断？"冯素秋苦笑着回答："他既是我所爱的人，又是令我痛苦的人。""你太小，不大懂事，不要问吧。""我就希望你比我更大胆些，做红线，勿做莺莺！这个世界确实够苦人的

冯素秋及其儿子
与冯铿的合影

呀！……"姐姐的豪迈又忧郁的气质同时影响着冯铿。1924 年姐姐病得很严重时，冯铿从姐姐的干皱颤抖的手中接过来的是一包诗词稿。姐姐最后的几句话是："我们做女人的受罪特别深，你要有志些，将来替女人们复仇，旧礼教真是猛虎……你要学武松，你不是佩服武松的英雄气概吗？"

"不，我要学秋瑾！"当时已经接触新思想的冯铿坚定地回答，她知道秋瑾牺牲那年，正是她来到世间之时。姐姐临终前的嘱托以及自己的应诺，一直深深记在她的脑子里。

1924 年 2 月，姐姐不幸去世，而姐姐坎坷不平的短暂人生让冯铿悲愤不已，永难忘怀，《深意》(四一) 这首小诗即表达了对姐姐的深刻怀念之情：

> 姐姐面对面的抱妹妹在怀中
> 在充满着爱的注视里，
> 两个人眼睛中互映着影儿；
> 姐姐呵，你的影儿现在虽不再在我眼里，
> 但却深深地印入我的脑里了！

还有发表于 1926 年的诗歌《和亡姐说的话》等。同时，姐姐的经历也让冯铿的作品中始终贯穿着一条关注女性命运、寻求

女性解放道路的主线。可以看到，冯铿作品中的主人公几乎都是青年女性，着重从女性的视角描述她们的苦难与觉醒、抗争与追求，表现女性的人格与命运、地位与出路，女性色彩十分鲜明。尤其初期的小说大都以妇女的生活和命运为题材，直接对封建宗法和伦理道德进行揭露和控诉。

关于冯素秋其人其事，饶锷于 1924 年应友人蔡梦香之请，为其亡妻冯素秋即将刊印的诗词稿《秋声集》所做的序文中作了详细介绍，并盛赞她的人格品质、才情诗趣、谋略胆识，也讲明了代写序文的多重缘由，既是为情义所重，也是为冯素秋被世人视为离经叛道的女子而正名，更是为现代女子教育的兴起与发展

冯铿绣给姐姐冯素秋的一对枕面

而呐喊助威，鼓励更多的女性像冯素秋一样追求独立自主，走上女性解放的道路。

附：

冯素秋女士传

饶　锷

女士氏冯，名菊芳，字素秋，原籍浙江仁和。父孝根先生通儒术，渊博有文。兄印月、弟瘦菊，俱以诗知名当世。女士幼而聪慧，秉承家学，子史百氏，咸造其藩，尤工吟咏。每有作，则好事者辄窃登报章，《岭东日报》载女子诗自女士始。

年十八毕业鮀江女子师范，往来潮汕，恒短服而男装。当清之季世，士怀故国，海宇骚然。其间，以女子言革命者，有山阴秋瑾名最著。女士以浙产侨居潮州，读其书颇韪之。慨然以继起，廓清自任，密与其戚卢君青海规划革命，方略甚悉。会武昌首义，清帝逊位，女士闻之跃然大喜。夙愿既偿，则退而温习故籍，向所策划，终自闭不告人。

寻适蔡君兰生，称佳偶。任地方教育者殆十年，所造就颇伙最。后与蔡君浮海授学新嘉坡，伉俪交勉。在外二年，以勤劳得瘵疾而归。民国十三年二月某日卒，年三十有一，子一人名兰孙。

女士既死，蔡君悼之，哀无所为计，则裒其遗诗如干首，署曰《秋声》，将梓以问世。来告其友饶锷，曰：素秋于兰生非寻常夫妇也，其视兰生若兄，兰生亦视之若弟。其归兰生也，实以文字相感召。顾兰生家贫又自惭才弱，终无以副素秋所慕。而素秋与兰生相守以至于死，未尝有一日慊于词色。其为人沉毅端重识大义，内谨饬而外矫然。是固不拘牵于小节，而能以道德自绳者。中间奔走教育，其颠顿劬劳之状一于诗发之。今素秋死矣，年之永不永何足论？独其行事，兰生深惧其泯没，无以慰知己于地下。念平生执友积学能文章者莫吾子，若敢乞一言为之论次，俾书诸卷首。若然，则微特兰生之感焉不既，即素秋虽死可无憾矣。

凡蔡君之所以称述其妇者如此。嗟乎！吾国女权不振垂四千年矣。古传所称女子懿德，大抵皆偏重于家政伦常。其有涉书史，干外事者，则世以为大悖。自欧风东渐，往时妇德之说稍稍撤其藩篱。然婩婳淫荡者，又扇于自由恋爱，时有越轨逾闲之事。守旧之徒群起诋击，至归咎于女学之不宜兴。得行循中道，贞毅磊落如女士者，著其事，以间执言者之口。此自，天下之人之有心于扶植女教者，皆乐道之。矧余夙习于冯氏，与女士之兄印月尤契，蔡君又余所故善者，

《饶锷文集》中收录了
《冯素秋女士传》

其于女士之殁，又乌可默焉无言？宜乎，蔡君之欲得余文，而余不能以不文辞也。既应其请，遂传之如右，并为推论，以与世之为女子者劝焉。

崭露文学头角

冯铿从小喜爱文学，八九岁时，就能阅读《水浒传》《三国演义》《红楼梦》及林纾翻译的小说，以至沉醉于弹词曲本上面。后来，年龄渐长，她又开始尝试着写一些文学作品。平日里，冯铿很少外出，除了课余参加学校各种文学活动，或在家阅读书报及写作，便与许心影等文学朋友促膝畅谈。冯铿最好的学友，除了刘选韵，便是许心影，早在礜石正光女校时期，她俩就常常于晨昏之际，漫步海边，指点江山。日后，许心影就读于上海大学期间，在上海湖风书局出版了描写时代女性曲折的不幸命运的中篇小说《脱了牢狱的新囚》，丁玲还为其作序，并拟定了广告在《北斗》刊出。

1920年夏天，冯铿于汕头礜石正光女校小学毕业，翌年春到友联中学继续学业。其间，由于学校受北京学生运动及五四运动的影响，冯铿也和许多学生一起上街焚烧及抵制日货，将抵制日货行动进行得如火如荼。

冯铿学生时代好友许心影

五四运动后新思潮、新文艺蓬勃发展，潮汕地区的青年亦先后组织了各种文学团体，如潮州的金山中学、省立二师学生，先后成立"青年八不社"等进步组织，礐石中学成立"彩虹文学社"，普宁中学成立"集益社"等等。他们出版刊物，举行集会、讨论、公开演讲，配合爱国运动，动摇了旧社会的意识基础。当时的广东正值军阀统治，政治黑暗，新文艺处在重重压迫之下，正如小花草被压在大石底下，虽然被压着，但也不断曲折地成长，虽然因受到压制，开的花朵渺小而稚弱，可是有生气，表现着、孕育着未来的壮大。乘着五四新文学浪潮，友联中学也成立文学社团"友中月刊社"，擅长于诗歌及小品创作的冯铿在其中担任编辑，她创作了白话小诗和散文小品。冯铿曾经把《友中月刊》寄赠鲁迅求教。远在上海的鲁迅，接到冯铿寄来的《友中月刊》，看完了冯铿那些充满朝气的作品之后，回信给予热情鼓励，并且记住了这个千里之外的陌生名字。几年之后，当冯铿来到上海，第一次登门拜访的时候，鲁迅先生依然记得起她曾经寄来的杂志和文章。

　　在汕头地区众多文学社中，最有影响力的莫过于成立于1923年8月的火焰文学社。早在当年1月，许美勋在汕头《大岭东日报》上发表《和潮汕学界磋商文学团体书》，倡议发起组织潮汕学界的文学团体，以便进一步推动潮汕的新文化运动。最先响应的是潮安的蔡心觉，他在同月 31 日的《大岭东日报》发表《组织文学团体的商榷》一文，对许美勋的倡议表示支持，并提出个人的意见和建议。经各方响应、联系，到当年秋天，火焰文学社正式成立，并在《大岭东日报》上开辟副刊《火焰周刊》，由许美勋和冯瘦菊轮流主编，周刊题签出自戴平万的父亲戴仙俦的手笔。火焰社的社员有许美勋、冯瘦菊、洪灵菲、戴平万、曾圣提、蔡心觉等 53 人，主要由喜爱文艺的中学师生、大学生和青年记者组成，成员分布广泛，除了潮汕各县之外，在北京、天津、上海、南京、武汉、广州等城市以及南洋和印度等国家和地

手拿《火焰》副刊的许美勋

火焰社通讯处旧址

《火焰周刊》

区，都活跃着许多积极分子。火焰文学社的活动也超越潮汕地区影响到了大半个中国。《火焰周刊》作为文学社的刊物，插上翅膀，沟通了浅草社、创造社、语丝社、未名社、文学研究会的联系。周刊发表的作品样式有短篇小说、诗歌、散文、随笔、独幕剧、评论、翻译、会员通讯等。1924年5月在广州召开的社会主义青年团粤区代表大会，就曾在决议案中提到：潮汕方面，应与汕头之火焰社设法联系。

冯铿不是火焰文学社的成员，但她同火焰文学社具有一种天然的关系。她与冯瘦菊有兄妹亲缘，她与许美勋早就相识。因此，文学社的活动，有她的身影，《火焰周刊》上，有她的名字。1923年是冯铿文思泉涌的一年，她在《火焰周刊》上发表的作品，除了翻译，也几乎什么样式都有，初生牛犊不怕虎，五花八门，什么都大胆地试一试。主导思想却分外鲜明：反对封建礼教，反对丧权卖国，反对军阀混战，提倡个性解放、男女平权，鼓吹德先生（民主）和赛先生（科学），这些也正是火焰社全体成员共同的思想倾向。

进入友联中学高级部前，可以说是冯铿创作的早期。在此期间，她创作了很多抒情小诗表达对自然景物的感怀，以及向往婚姻自由、追求光明幸福的美好理想，有时又夹杂着寻求美好理想而不得的苦闷心理。其中，诗歌有总题为《深意》的百首小诗，多为这个时期所创作，这百首小诗陆续发表于后来的《岭东民国日报·文艺》，正如作者在写完一百首小诗《深意》"附记"中所说："虽然它也不适宜于表现雄伟的情绪，但是我的心情很喜欢这类的娇小玲珑的诗句，……在这一百首短诗中，就包涵着我这年余来的生活的一部：思想的变迁的痕迹，也可以隐约看出来。"

深意

（三五）

在童年的一个月夜的庭中

我在母亲的怀里

头儿倚在她的胸前

仰望月亮却躲在白云的怀里

（五三）

当我独立峰巅

或独步旷野时

我的心和宇宙一般辽阔

同时我觉得我的伟大了

（六九）

海呵，你波动不息的浪涛

是谁使你如此

心呵，你起伏不定的思潮

又是谁使你这样

　　上面几首短诗是从冯铿百首《深意》诗篇中摘录，全诗已残缺不全。冯铿的作品里个性刚强，性格鲜明，敢爱敢恨，字里行间都透露出一位热血青年渴望自由、向往光明及美好未来的殷切期盼，因此深受大家好评。

FENG KENG

肩负起"改造社会"的职责

1925 年春，冯铿进入汕头友联中学高级部学习，担任友联中学学生会执行委员、学艺部出版科长，编辑《友联期刊》。《友联期刊》除设有校闻纪要、会闻纪要等有关校内、学生会新闻的栏目外，还刊载本校学生对青年革命、社会问题、世界文学等方面的论著，发表诗词、诗歌、小说等文学作品和文艺理论文章，刊登关于教育、社会的讲座，记载各地游记等，反映青年学生对社会问题的认识与探索。同时，积极呼吁学生投身社会改造运动，担当青年学生应该担当的改造社会的责任。其中，冯铿在《友联期刊》第五期的《开篇语》中明确提出学生应该"言行

《友联期刊》封面

一致"，肩负起"改造社会"的职责。冯铿还被选为岭东学生联合会代表，参加学联会、妇女会的工作。从早到晚，她总是带着一只藤织的小提篮，里面尽是书、稿等。除上课外，便是写文章，印传单，出刊物，自编、自导、自演话剧，经常忙得废寝忘食。

全班只有她一个女生，但冯铿却是班内有名的强悍者，从来不示弱。教室里的黑板上，时时出现着针锋相对、意味深长的警句、隐语。它不但很快在校内流传，甚至校外亦有不少各式各样的男人，在有意无意地传播着。"从来不把自己当作女人"，冯铿自己这样看，人们也这样看她。"男和女倒是其次，主要是我不犯人，就不准人家来犯我；如果要犯我，我一定要抵抗。"冯铿不止一次这样宣言过："帝国主义者屠杀我们的同胞，我们不抵抗吗？援助罢工工人，不是我们青年学生的责任吗？"

冯铿是这样说的，也是这样做的。冯铿所就读的友联中学，本身就是一所具有战斗传统的学校。当时，帝国主义者一方面支持军阀形成割据局面，同时指使军阀命令他们的爪牙走狗，如充斥在各地的侦探和反动文人等，对人民采取镇压手段；另一方面直接命令教会学校当局对爱国的员生工友横施压迫。汕头市的华英中学本是英国教会向中国人募捐开办的，可是却被把持变为奴化教育的机关，成为文化侵略的工具。当五四运动发生时，校内

友联中学

友联中学学生
填写的通讯录

的爱国员生便团结起来和学校当局英国教会校长斗争，结果有大部分员生离开华英中学，另组成立了冯铿所就读的友联中学。学校校徽是两只强有力的手掌，紧紧握在一起。

五卅运动开展后，华英中学的员生响应起来作爱国宣传，起初学校当局虽不满意，但是因革命军在潮汕，所以无可奈何。后来竟无理干涉，说华英中学是英国办的学校，不容许员生进行反英宣传。员生们愤怒起来，向学校当局斗争，认为"我们是中国人，爱国运动是不容许任何干涉的，就是居住外国的华侨，他们也可以做爱国运动，为什么在我国领土的学校，住在国内的人民，不准进行爱国运动，这是毫无理由的野蛮的帝国主义侵略行为！"这件事一传开去，立刻引起全市人民，尤其是工人、学生们的无比愤怒。冯铿在学联会紧急会议上十分激烈地坚持主张立刻行动起来，支援华英中学的同学和老师、工友们，并且像宣誓似的站起来握着拳头嚷着："我个人就和华兴（华英）中学的同学是血脉相关的，我们学校是华兴（华英）分出来的，是在'五四'爱国运动中产生的。支援华兴同学的爱国运动人人有责任，尤其我本人，我要格外尽力……"冯铿的态度是鲜明的，面对有的学联干部"为着不吃眼前亏，我们是否要采取'另一'斗争方式"的说法，她立刻尖锐地给以讽刺，认为他"完全和契诃夫小说里那位火热天气还带雨伞穿套鞋的人一样"，在怕什么？

华英中学

　　冯铿明确、坚定、斩钉截铁地要求："马上组织支援，结成大队伍，开到华兴（华英）中学去，准备食物，写好标语，给我们正在斗争的兄弟们以精神、物质的支援！"

　　随着形势愈发严峻，华英中学当局英国教会校长便宣布学校停办，强迫员生离校，但员生们并不理睬。后来校方竟强蛮地把学校封锁起来，将员生工友都锁在校内，断绝交通，不给粮食。他们通过这种野蛮的手段来对付革命运动正在蓬勃发展的中国人民，这也就注定了他们的失败。1925 年 12 月，汕头市各界代表成立了"收回教育权委员会"，由杨嗣震、李春蕃负责这一工作，制订《汕头市收回教育权委员会组织大纲》，大纲中有明确原则："从帝国主义分子手中收回教育权；取消强迫学生参加宗教活动；支持学生参加校务活动。"汕头市政府发布了收回教育权布告，命令各教会学校：把学校校园与教会隔开；向中国官厅注册，受教育行政机关之检查监督。经过这一斗争，汕头市的华英中学收回自办，并改名为南强中学。

迎送东征军

1925年，正值大革命兴起，而作为大革命的策源地广东，形势更是风起云涌。当时的广东全省大部分地区都被各路军阀所控制，其中对革命危害最大并准备进攻广州的是盘踞在东江地区的军阀陈炯明。为了实现广东革命根据地的统一和巩固，在中国共产党的推动和人民群众的支持下，广州革命政府决定于1925年2月1日正式出师，讨伐陈炯明。当革命军到达潮州以前，盘踞在这里的反动军阀开始造谣污蔑，说共产党就要实行"共产公妻"，企图欺骗人民。可是最难欺骗的便是人民，而事实也就是击破谣言的有力武器。革命军到潮汕来了，整个土地都在翻身。老百姓都知道这些军队是在共产党的影响下英勇杀敌的，惠州飞鹅岭的战斗也是惊天动地。所以革命军一到，潮汕的工人、农民、知识分子、妇女们都活跃起来了。从前，老百姓碰到军队就像见了虎狼；眼下，女学生跟军人谈恋爱却成了时髦。

革命军第一次东征时，冯铿作为汕头学生联合会代表在一个星期日组织学生慰劳小队，到汕头近郊金砂乡慰问革命军。她在这里看到了从未见过的一幕，"革命"这个名词，第一次以具体形象的方式进入到了冯铿的脑海里。东征军的士兵，犹如老百姓的亲人和朋友，他们有的帮老乡挑水，有的帮老乡打扫卫生，有的在打草团，还有的帮着抱小孩。还有些士兵帮着老乡掏粪，一担一担的挑到地里。过去军阀的军队，都是穷人眼里的虎狼，如今东征的军队，却是老百姓拥护的亲人。在一处屋场里，冯铿看到了东征军士兵教孩子们做游戏和唱歌的情景，成群结队的孩童们在欢乐地歌唱着，手牵手结成一大圆圈，团团转。那"……除军阀……革命成功……齐欢唱，齐欢唱……"的雄伟嘹亮的歌声震动着沉静的田野。孩童群中有几个穿军服的男女政工队员，他们像教师一样在逗着孩童们玩、唱、跳、喊。有一个同去慰问的女学生突然给一位军人拉住了手，吓得她尽在挣脱，好像手上被火烫着一样。立刻，他们哄笑起来，跳着，又把才挣脱了的手紧紧握住了。原来那个军人也是女的，是政工队员，穿军服，可是戴着军帽，头发看不见，脸上又和一般军人同样晒得黑，假如不是挨得那么近，便不容易辨别是男是女了。好几个军人中夹杂着女政工队员在代农民们工作，耙粪、挑泥，像长工似的。冯铿从这一次的生活体验中，深深体会到，"如果不是亲眼所见，谁肯相信？说什么'共产公妻'。这种人就是人类的救星。如果没有共产党在起领导作用，我想就没有这个现象。就因为有共产党，才使不革命的认真革命起来，假革命的也不得不跟着喊革命……"冯铿一碰到同学、亲人，尤其是贫苦的工人们，便跟他们说这些。

城里的工会也纷纷成立了，农村里的农民协会更是活跃。"妇女解放协会"尤其影响不小，连尼姑庵里的晚辈尼姑，也有参加妇女解放协会的。有人私下议论着一些行动似乎过火了，例如竟出现了过去受虐待的妻子如今押着丈夫游街示众的怪事。冯铿听了这些议论却愤愤然："过火？童养媳，守寡，为恋爱而被砍下头颅，浮尸江上，或者背着石磨，沉尸水底……这种种事，千百年来哪一年不曾有过？哪一处不曾有过？现在刚刚出了一点新事，便冒出了这么多貌似公允持平的议论！我看哪，过火一点也没啥大不了！"当时的冯铿只是满腔激情，对革命带来的种种新气象发自本能地拍手称快，对什么政策、策略、分寸，她根本不考虑，也不懂革命的前路怎么走，只是天真地以为，革命就是这样一蹴而就的，从此天就亮了。

1925 年 6 月，革命军离开潮汕会师广州，镇压残余军阀杨希闵和刘震寰，直到同年 11 月再度东征进入潮汕。在这个间隙，军阀余孽洪兆麟、刘志陆暂时再度盘踞潮汕。这个反动统治时期，虽然不久，但革命受到不少损失。不过从 1924 年国共合作后，工农运动突飞猛进，革命形势一日千里，潮汕地区尤其壮大，洪刘二人对正在发展的革命力量根本不敢正视。当革命军平定了广州内部的残余军阀后，长驱直进，作第二次东征，这些小丑，早已闻风先逃。

革命军第二次进入汕头的第三天，正是苏联十月革命纪念日，在永平酒楼三楼大厅举行了一场伟大而热烈的军民联欢大会。在广厅里，坐满军、政首长和各界人民代表。镰刀铁锤的苏联国旗和国民革命军的军旗交叉辉映着，像两个巨人交着臂屹立在群众面前。巨人的力量和群众的力量，结成一座如钢铁的堡垒，任何敌人都要在它的面前粉碎。主席台上有黄埔军官学校政治部主任周恩来，还有突出在人群中的几位身躯高大、气象雄伟、光着头、胸前挂满勋章在灯光下闪耀着的苏联军事顾问，包括加仑将军。年轻、消瘦而英姿勃发的周恩来担任东征军政治部主任，他的秘书在会上当场起草了汕头市军民致苏联政府的节日贺电，周恩来宣读，大会掌声雷动，一致通过。"周恩来同志和加仑将军就代表了中苏两国兄弟般的革命友谊，全世界无产阶级的力量……"这一晚，冯铿兴奋得把一方旧手帕撕成许多碎片。她的眼光一会关注在红旗上，一会儿关注在周恩来同志和加仑将军身上，悄悄地对同坐的新闻记者代表许美勋说了上面的话。冯铿的精神完全沉醉在许多人的热烈发言中，整个身躯好像

永平酒楼

浮在革命的大湖泊里面，温柔、愉快、强烈、壮美……说不出的
感觉，心头热辣辣，像冒出火星来，自觉两颊发烧，双手放在桌
布下面无意识地吃力地撕着手帕，撕了又撕，好像手帕是她的仇
人似的。

　　周恩来办公的地点是在汕头外马路东征军总指挥部政治部的
中楼，那里并不森严，"各色人等，进进出出，匆匆忙忙，闹闹
哄哄。有的衣冠楚楚，有的衫裤褴褛，有的长袍马褂，有的西装
领带，有的全副武装，还有妇女、学生。有的大声招呼，有的细
声耳语，有的激烈争吵。有的喜形于色，有的兴奋异常，有的却

　　　　　　　　　　　　　　　　　　　　冯铿画传

国民革命军东征军总指挥部政治部旧址

旧址东楼中周恩来同志的办公室

忧心忡忡。有的人成群结队，好像一窝野蜂，有的却孑然面壁，向隅而坐，像一只孤独的野猫。"周恩来在办公桌前会见来访者，经常站起来，来回走动。冯铿有时没有事，也喜欢伴着许美勋同往，她觉得在长条椅上坐一坐，领略一下大厅的特殊气氛，也是一种精神享受。

筹款支援"五卅"罢工

1925年1月，中共四大召开后，全国群众运动蓬勃发展，2月到4月，上海的日本纱厂工人在中国共产党的领导下，组织数万工人举行大规模罢工斗争，取得了重大胜利。日本帝国主义勾结北洋军阀政府企图破坏工人运动，酝酿新的血腥屠杀。5月15日，日本资本家开枪打死工人顾正红，打伤10多名工人。同月30日，上海两千多名学生在租界内散发传单，发表演说，声援工人，数十人被捕。下午，当群众聚集在英租界南京路巡捕房门口，要求释放被捕学生，高呼"打倒帝国主义"口号时，英国巡捕突然开枪，当场打死十三人，重伤数十人，造成震惊中外的"五卅惨案"。

五卅惨案发生的时候，冯铿进入汕头友联中学读高中不久。18岁的冯铿不在流血死人的现场，她通过报纸，仿佛看到了工人顾正红倒在枪口之下，看到了那些死伤的工人和学生，那些血肉

五卅运动爆发时，上海总工会的游行队伍

横飞的同胞们在帝国主义者铁蹄下斗争着的影子，深深地印在冯铿的心里。何况，汕头自从革命军东征后，工农、青年学生和妇女们的爱国运动，日趋蓬勃，这时候的冯铿更感到如同火苗在心坎上燃烧一样难以抑制。

一个热血学生的行动无法出现在血腥的上海，冯铿想到了舞台，想到了话剧，她决心自编自导一台话剧，用公演的方式为支援上海五卅罢工运动募捐。当然，这也有着阻力，当她听到另一部分同学怯弱畏缩，借口种种理由的时候，冯铿不禁睁着大眼睛，红着脸气愤地说："我们没有道具，没有剧本，没有演员……那末（么），就没有办法吗？我们这些青年，活泼泼地，就只会吃饭吗？一碰到真正的爱国运动，难道就像乌龟一般缩了头吗？……缺少一切都不要紧，只要心头还是热的，只要血不会干，什么困难都可以打破！"

那段时间，冯铿整夜睡不着，为了构思剧本而坐卧不安。她认为如果要把剧本精神抓得牢，把帝国主义者的罪恶表达出来，首先应该要深刻体会到贫苦人家的生活。单为这一点，她把全部注意力，放在了一家贫民的现实生活上。在从她家到学校的路上，会穿过一段贫民窟，转角那家贫民，就天天吸引着她的注意力。因此，当冯铿在构思剧本时，那家贫民的形象，影片似地尽在她眼前幻演：四个年纪差不多都是五六岁的孩子，完全没有穿裤，八条腿就像他们的父亲挑卖青菜的筐绳子，笔直而且枯瘦，屁股不像是活人的，而是和猪头脯那样污黑干枯。他们蹲在泥沙堆上，假使不动，谁也不相信这是活人，而和垃圾、石头没有两样。头发蓬乱，鼻涕直流，眼睛无神……这印象平时已深刊在她脑中，此刻更清晰地涌现眼前。冯铿很明白，他们的贫苦是由什么人造成的。那些公子哥儿的肥白、活泼、美丽、愉快……是怎样来的，她亦很清楚。她痛恨，她怜悯，她此时饱含着泪，好像置身在这贫民家里一样。她回忆起当自己坐在教室里，一连听三堂功课后，肚子里在雷鸣时的那种饥饿情况，便想起那四个无辜小孩的饥饿。这一家子的生活，成为冯铿创作剧本的主人翁。有时，冯铿一口气写了三四页，自己又从头读着，觉得不好，便放下来。仰着头灌下一大盅冷开水，才把疲倦的精神振奋一下。隔着板壁，她的妈妈早已不止一次催促她，"应该睡觉了吧，明天写完不好吗？闹病了怎么办……"可是冯铿仿佛什么都没听见，她所听到的只是轰鸣在她耳边的枪声，还夹杂着饥饿小孩的呻吟声，当她最后丢下笔时，东方已发亮了。

公演那一晚，冯铿自己当主角，她没有深刻研究过什么演员技术，但是，她心底充满着愤怒，热情的心，像一颗即将要爆炸的炸弹。她把自己所有的悲愤、仇恨汇集起来，化成一道要冲毁帝国主义势力的洪流，从山上冲向平地，澎湃、汹涌，她口中念着的台词就好像是奔流着的大水、狂潮。这台话剧演的是一个工人的家庭，备受经济压迫，老弱的归于死亡，年壮的走向斗争。她以学生的身份站在工人方面，向群众宣传、呼吁："你们的妻子愿意给帝国主义者活活饿死吗？你们的丈夫、儿子、爸爸，愿意给他们活活打死吗？……"话剧公演很成功，冯铿怒号的声音和悲愤的表情深深地留在所有观众的脑子里。冯铿自己也得到了极大的鼓舞。当她和同学们清点着演戏募捐来的款子，准备汇总邮给上海罢工工人，看着那零零星星、肮肮脏脏，显然是穷苦人捐助的角子时，她尤其激动，在日记中写道："前些时，吾因觉人心将死而戚然，因排戏中遇到 C 君 H 君之所为而独愤，此刻思之，有些竟是错怪了他们……若果不获演剧同人以及观剧民众的齐心协力、同仇敌忾，则此次募捐将一事无成！"

在工人运动蓬勃发展时，反革命派也大肆活动。1926 年冬，汕头总工会领导人杨石魂到揭阳参加工人代表大会，反革命派勾结资本家、地主、官僚、土匪流氓等竟把杨石魂绑架了去。这次无耻的阴谋行动，把全汕头的工人队伍的怒火点燃了。他们立刻行动起来，要求组织武装队伍，开到揭阳，和反革命派拼个死活。好几次工人队手执木棍游行示威，高呼口号，并向驻军要求立即派兵救出他们所爱戴的领导人。不止一次，轰轰烈烈地在汕头街道上，游行着庞大雄伟的工人队伍，而且揭阳和其他各县的农民也纷纷表示援助。这声势吓得反革命没有办法，最终，杨石魂在汕头工人的愤怒示威和焦急的盼望中脱险回来了。汕头各界在牛屠地搭起竹台召开近 10 万人的欢迎大会，聚集着工人队伍，青年学生们也自动列队参加。冯铿代表学联会出席大会。她看见衣衫破裂、形容憔悴、几乎站不牢、摇摇摆摆的杨石魂，不禁眼泪就流了出来。杨石魂用沙哑的声音，断断续续地艰难报告经过。当他把衣服揭开，露出皮破肉裂、焦烂的身体时，台下的

杨石魂

成十万工人群众，不约而同的一齐举起手臂高呼着"打倒反革命派！""打倒地主、资本家！""打倒帝国主义走狗！"

冯铿也好几次按捺不住，想跑近去扶住杨石魂的摇摆的身体，眼泪竟忍不住涌下来。从一个文弱书生，变成一名激进的学生领袖，又成长为成熟干练的劳工首领，杨石魂的道路给冯铿以强烈的印象和启示。那天开过会后的工人群众举行的示威游行，也给了冯铿以无比的力量和信心。工人们抬着杨石魂，领着足足十万的工人队伍，像一条巨龙似地蜿蜒着、怒吼着，穿过汕头所有的街道，汇成革命的风暴，扫过这个被帝国主义、买办者曾经榨取鞭挞过的城市。

破坏应该彻底

广东革命军的东征，带给潮汕新文艺运动以伟大的培育扶植。在喜爱新文艺的青年中，比较先进的，已初步认识到文艺和政治的关系，认识到文艺应该为政治服务。关于这个问题，冯铿就曾说："这是事实，没有共产党和国民党合作，革命就没有这样快，没有革命就没有新文艺。封建顽固派他们对新文艺是死敌。不是很清楚吗？爱革命的难道是反革命的人吗？"

当革命军回师广州镇压残余反动军阀时，另一派反动残余军阀便乘机窜入，各地的土豪、劣绅、地主、官僚、流氓、恶棍便像蚊虫一般蠢动起来。汕头市残留着的一些反动文人，亦做了应声虫，在反动报纸大放谬论，有时更露骨地公开攻击新文艺。甚至对语体文，亦给以无耻的污蔑、反对。正在这时候，比较进步的青年们都愤火燃胸，想对这班走狗给以重重的打击。冯铿对许美勋说："应该像鲁迅所说的打落水狗的办法，彻底消灭他们！"这让冯铿用写作开始了对黑暗势力的战斗。诗歌、小品文、短篇小说、随笔，这些耗费时间不多的文体，迅速地出现在她的笔下。中学，不是文学创作的最好时期，冯铿每天在黑暗中起床，读英语，接着练习数理化等科目。上午上课，课间休息看报，修改作品。她的学习生涯中没有"午休"这个词。下午的时间，除

了上课之外，还有学联会、妇女会和其他临时的会议，上印刷厂接洽期刊印刷事宜，参加演剧小组排演。这些数倍于常人的努力，冯铿坚持了整个学生时代，这也让冯铿在中学时期就有了"大作家""大演员""女革命者"的美名。

1925年春至1927年春是冯铿创作的前期，这些作品大多发表在1925年间她中学编辑的《友联期刊》和1926年下半年许美勋主编的《岭东民国日报》副刊《文艺》上，署名冯岭梅。《岭东民国日报》是在革命军第二次东征后，接办当地的一家反动报纸《平报》改名的，是潮汕第一家革命的报纸，周恩来委派李春涛任社长，并于1926年1月20日正式出版。《岭东民国日报》名义上是粤东地区国民党党报,实际上是接受东江各属行政委员公署的领导,在周恩来的关怀和直接领导下开展工作,是反映中国共产党政治主张的喉舌。该报出版时,周恩来曾以东征军总政治部的名义,行文各县,令饬各地订阅劝销。文中指出"潮梅人民,历受洪林诸逆蹂躏,对于革命真谛,都未了解,该报负有指导之责,期在唤起潮梅民众革命精神,以扫除一切障碍",这实际上就是该报的宗旨。该报是一份具有十版篇幅的大型日报,设有《革命》《工农》《妇女》《教育》《文艺》等副刊。李春涛曾派工作人员许美勋去请周恩来为副刊题词。周恩来当即挥笔疾书,题了"革命"二字作为副刊刊名。在《岭东民国日报》被接管前,冯铿也写过不少尖锐的评论,其中一篇就是痛斥顽固分子、反动报纸《平报》主编钱热储的。当时《平报》的主编钱热储,就是一个顽固地维护封建思想、反对革命的反动文人。为此,冯铿写了一篇题为《钱热储》的文章,辛辣地指出:"你这个热心储钱的人,爱钱不爱脸,将来总有一天,有钱也买不了你的命。"有人评论说,这篇文章"似乎太露骨了"。冯铿则说:"对这班坏蛋,不能客气,只有骂,像孔明骂死王朗一样,何等痛快!"

在现存的冯铿前期作品中,抒情小诗占了主要地位。有抒发忧国情怀的《国庆日的纪念》,以及咏唱自然、友情与爱情的

被接管的汕头《岭东民国日报》

周恩来为《岭东民国日报》
题写"革命"副刊刊头

《月儿半圆的秋夜》《幻》《和友人同访死友的墓》《斜阳里——寄蓉君》《你赠我白烛一枝》《凄凉的黄昏》《隐约里一阵幽香》《听，听这夜雨》等数十首。小说则有揭露城乡封建礼教和宗法势力残害女性的《一个可怜的女子》《月下》《觉悟》，描写一种情趣或追求的《从日午到夜午》《默思》《海滨》《夏夜的玫瑰》等十余篇。在这一时期也发表了一些政论文，比如《破坏和建设》《妇女运动的我见》等，都有一个鲜明的特点，就是主张破坏要彻底。

在这个时期的作品中，冯铿已经展现出一个爱国的、进步的文学青年的素质和特征。首先，表现在对国家、民族命运的深度关注及其对黑暗现实的清醒认识和对光明未来的执着追求。面对政治腐败、民生凋敝的社会，冯铿透辟地指出："现在的社会——尤其是中国的岭东的社会，到处都充满颓败的空气，事事都没有向上的希望！"甚而直截地揭示："现在中国最大的害端，不是军阀政客吗？"以上这些批判黑暗军阀政治的警句，写在军阀陈炯明盘踞的潮汕，不能不认为是振聋发聩之言。1925 年 10 月，冯铿在一首纪念辛亥革命 14 周年的题为《国庆日的纪念》诗中，感叹目下的中国实际是：

  ……身躯软弱，疾病呻吟，
  同时还受人家的践踏、鞭挞、凌辱……

弄得现在血肉模糊，

遍身伤痕……！

　　冯铿认为14年前的辛亥革命只给人们带来"一瞬的光辉"，中国又复坠入"黑暗的幕里"，黎民百姓再度置于魔鬼的刀砧与猛兽的馋吻，遂使同胞"满腔热烈的欢忧，要象抛落大冰洋那般的冷淡了"。冯铿还锐利地指出，这既是对先烈的"头颅血泪"的亵渎，也是对领袖的革命初衷的背叛！她剖视其原因在于辛亥革命对旧思想、旧势力"毁灭、划除"得不够干净，"那时的伟人，烈士们，误以为把'大清帝国'，改名'中华民国'，就算达到目的。所以容溥仪依旧（故）安居皇宫，受遗老们的朝拜，因而惹起复辟的闹乱子出来；一般旧官僚依然让他们占着势力，施行旧的政策，思想，因而酿成这十四年来的祸乱……所以破坏的工夫，应该彻底；进行应该迅速；而且最要从根本上做起！"冯铿固然认识到中国社会黑暗的浓重，帝国主义与封建势力仍如此猖獗，然而却没有丧失对前途的信心；她认为只要大家"从此团结起来！努力奋斗！""美善的社会"是完全可以争取的。

　　其次，强烈表露了以改造社会为己任的责任感与使命感。年轻的冯铿很早就表现出"改造社会，把这恶劣的社会打倒"的人生目的，她自觉规箴自己要成为"未来社会的服务者"，承负起

"社会的改造，建设，利害，兴亡"的"责任"。她准备生命以赴地去"造成完美的社会"，当务之急是与旧的制度、组织、思想、习惯等进行不调和的斗争，"把它消除净尽！象斩草除根般的使它没有一线的生机"，并进而正确地揭示："在一国中军阀依旧的专横，内乱就永久不能停息；在一家中还是保存着腐旧的礼教，和不平均的经济制度，就会引起家庭中的种种悲剧"，凡此等等，"都在应该破除之列"；而若要彻底划除与破坏，则"必须从根本上做起"，把畸形社会的"病根"研究清楚，从而达到除恶务尽的目的。与此同时，还须将"忍耐奋进的毅力""深沉周到的心思"运用于筹谋建设的计划，并且准备怀抱着"牺牲的精神""勇敢的决心"，置道路上的一切荆棘、虎狼于不顾，奋勇前进，之死靡他，"以达到我们理想的伊甸国"。

再次，妇女解放问题已引起了少女时代冯铿的密切注视与认真探讨。她无情地揭露了中国妇女界的黑暗："数千年遗传下的礼教的镣铐，把她们束缚的寸步不能自由！"因而被"礼教和制度坑杀"的牺牲数以千百万计；继而指出由于中国妇女身受的痛苦要百倍于外国妇女，故而"我国的妇女运动者，就要比外国的百倍的努力"！这种清醒的估计，无疑是合乎实际的；还有，她认为"自由不是赠品，是血和脑换来的"看法，也是并无谬误的，其所得出的结论："自己的痛苦，要使自己来解放；要革去妇女全体的痛苦，更须结合全体的妇女力量，才能成功"，证明冯铿的妇女观已站在当时思想界的前列，而这些也反映在她前期的创作中。短篇小说《月下》与《一个可怜的女子》，以及《觉悟》，都是以妇女的悲苦命运作题材的，是冯铿奋力抨击封建宗法、伦理、道德的形象化檄文。冯铿饱蘸不幸妇女（也包括冯铿的亲姐姐）的血泪，描摹了牺牲者的令人战栗的愁苦与不幸，对坑杀她们的"礼教和制度"进行了愤怒的批判。

这些锋利的文章，不仅是当时激进思想的反映，也是冯铿不妥协性格的表现。作品以细腻的笔触表现了反封建的强烈感情，虽属幼稚之作，但亦崭露了作者的文学才华。她恰似一块未经奢琢的璞玉，可以预料在文学创作的天地里是大有作为的。当然，冯铿前期作品中，也曾流露了若干苦闷、彷徨的心绪，以及在浓重的黑暗前手足无措的惶惑，乃至求索不到正确的斗争道路的茫然："可怜的我，虽然心里被火一般的热情激荡着，但是，却从那里去反抗呢？"然而，这种短暂的踟蹰，很快就被随之而来的历史转折所改变。

FENG KENG

冲出狭的笼飞出来

在恋爱婚姻问题上，冯铿碰到很大的阻力。她个人是主张恋爱自由、妇女解放的。1923 年夏，冯铿与父亲的学生许美勋相识。那是一个午后，在汕头市商业街 52 号 3 楼的家中，冯铿刚刚洗完头，忽然听见楼梯声响，她走出来，从楼梯口迎面步上一个瘦弱的年轻人。两个人从未谋面，这个年轻人自称是瘦菊的朋友，是来找哥哥的。冯岭梅下意识地觉得他好生熟悉，她竟唐突地问："你就是美勋兄吧？"对方也蛮有把握："你是岭梅君！"两个人的相识就是这样的偶然而必然。冯铿与许美勋有着共同的志趣，在冯铿筹款支援五卅运动时两人已经相恋。

冯铿的母亲自从大女儿冯素秋死后，把爱都倾注在小女儿冯铿身上了。家里都是教书的，生活在贫穷困窘之中，看到冯铿体质弱，知道是缺乏营养，看到女儿衣服打补丁，知道是没钱置新衣。心想要摆脱贫穷只有一个办法，要为她找一个有钱的婆家。其实，很久以前便有不少的阔人家——做官的、开店的、过洋的，总之是一律有钱的人家，不只一次对她提到女儿的亲事上来。明知不是立刻可以实现做母亲的心愿，但亦不只一次暗自盘算着：如果女儿不太执拗，那么不单她个人前途无限，升学、留学都无问题，便是年近六十的爹，亦可以得到休息，家里……总之，一切都容易办……冯铿母亲一面虽这样想，但一面亦常考虑到有钱人家都不是干净的、爽快的，在她自己的半生家庭教师的经历中，就看了不少少奶奶、姑娘、公子、哥儿的悲惨、离奇、凶狠、变幻的悲剧，如果能够独立营生，那亦算是自由幸福……平时她就会投合女儿的心理这样谈论着。在这情形下，母女俩就很和谐地畅谈一切，尤其是社会上许多不平，许多罪恶，是谈论的中心。如果一涉及家庭，涉及自身，最坏就是偶尔涉及女儿的前途的话——尤其是婚姻问题，谈话便中止，尽管是正值兴高采烈，可是立刻突变为不欢而散。

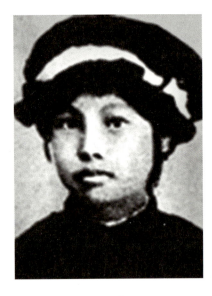

少女时代的冯铿

冯铿母亲其实也早已察觉女儿和一个她很欢喜的青年在谈恋爱，但是这青年太穷，想起这些事心就烦，尤其是和女儿谈起，就会遭到冯铿的抢白："现在是什么时代，阿妈还不会明白吗？天天教学生们的是什么？……'今年番薯不比旧年芋'，难道我会比姐姐更顺从吗？阿妈，我劝你以后不要再提这些事好吧！"冯铿接着上面几句话后，还说："为什么这市侩的思想总是紧紧缚住你呀！我看见你纯洁的心给罪恶的金额幻影掩盖着，象月亮给乌云掩盖着。"母亲看着这个最娇养、最小、也最聪明、长着男相、性子暴烈的女儿，无可奈何地长叹一声，只好去念佛了。

面对父母总是为她的求学前途着想，要把她许配给有钱人家。冯铿与母亲发生过多次争论。她想起了姐姐始为反抗包办婚姻而叫号和悲歌，后又郁死的情景，也记起了姐姐病危时嘱她"要学武松"，而她却说"要学秋瑾"的话语。她决心独立生活，走自己的路。冯铿认为："所谓'爱'，如果建立在报应、买卖、条件上面，那末（么）这种爱便无价值了。"不过，少女时代的冯铿也有过软弱甚至畏惧的时候。一次，她在许美勋的房间里谈笑风生，忽然听到室外响起父亲来访的声音，她竟吓得躲在帐后，脸色煞白，浑身发抖。事后她对自己这种"银样腊枪头"的模样也觉好笑。

冯铿曾在1925年发表于《友联期刊》的《默思》这篇散文

体小说里写到："受完中等教育以后，稍有自立能力，到乡间去教几个幼童，或者做她所会做的工作，同时沉醉于'自然'和'文学'；不要人知，也不知人。"最后，她终于胜利了。

1926年夏，冯铿从友联中学高中部毕业。毕业考试完了的那天晚上，她兴高采烈地跑进许美勋的小房子，一进门便高呼："从今天起我便冲出狭的笼飞出来了！"一直以来，冯铿对于自己的处境，直到今天才吐露出来，"这几年来好似在作战，四面受敌。足有三四个'敌人'向我进攻，而且都有了'内应'……假如我不是坚决死战，一定会被俘。所谓骨肉亲人，父母兄弟一看见钱便忘了人，把女人看做奇获（货），看做一张有奖彩票……种种诱惑，首先用金钱，其次用'情感'，还要用'道德'，再加以挟持、压迫、诱惑、欺凌……真是明枪暗箭，四面包围，目的就是要牺牲我个人！"后来，冯铿在友联中学女子部当了一段短时期的教员。

1926年底，冯铿便与许美勋同居了。1927年春天，冯铿与许美勋离开汕头，到潮安县宏安乡（又名横陇乡）去，重游桑浦山和旗地村，在宏南小学里当教员，该校为二人的师友、《大岭东日报》主笔许唯心创办。同时，二人并为农会办夜校识字班。以前，冯铿就喜欢到农村逛逛，这回重来，她更是满心欢喜，一连几天在田里、树下、溪边盘旋着，好似好友久别重逢似的。课

许美勋带冯铿回到家乡宏安旗地

"红旗美成"这所宅子中临近池塘的三间房便是冯铿和许美勋居住的地方

余，冯铿抓紧时间学习和写作，立志要成为作家。这里农民运动蓬勃发展，地主、豪绅望风而逃。他俩的生活虽然可说略见安定，但是精神却陷于苦恼、彷徨。此时政治气氛日趋恶劣，像普宁县农民受到地主勾结官僚的压迫，国民党右派已经露出了狐狸尾巴，明目张胆试着对革命采取进攻。

不久，风云突变，广州"四一五"反革命大屠杀开始了，国民党反动派向共产党员、国民党左派人士、革命民众举起了鲜血淋淋的屠刀，无数中华民族的优秀儿女，被昔日的"同志"通缉、逮捕、严刑、虐杀。4月的一天晚上，冯铿的四哥冯瘦菊从汕头逃了出来，在宏安乡挂着农民协会牌子的祠堂巷首，向他们报告李春涛死了，被反动派用麻袋装着用刺刀活活刺死，然后把尸首丢到海里。还有很多同志被杀了，更多的人逃亡了，大哥冯印月也被抓捕了。总之，全国城市都在混乱中，而全国农村亦在激荡着、不安着、酝酿着更澎湃、更浩大的风暴，广大的农民们不能再容忍这种残暴的压迫。冯铿内心悲愤、疑惑、懊恼，她痛念着那样文弱、多疑、多病的大哥，如今真正像是一匹落在虎口的绵羊。不久，反动派来"剿乡"，冯铿和许美勋把少许衣物和颇为丰富的书籍文稿塞进两只大木箱，藏在木隔板上，锁了门，挽着临时前来帮忙的小姑娘秋菊，三个人夹在人流里，跟着逃难的农民开始了流亡。

广州"四一五"反革命政变

李春涛

知晓谁是敌友

在城市长大的冯铿，戴着厚厚的近视眼镜，一踏上这乡间的泥路，兼以雨夜，马上就跌了一跤，裤筒沾满了泥，手掌擦出了血，但他们也不敢停步，边用手巾扎着伤口，边急急忙忙地赶路。冯铿义愤道："为什么要这么慌张逃跑一空呢？大家集中起来，武装起来，守住，和他们杀个你死我活不是更好吗？我就看不惯这样不战而退！"可是，这是她所无法解答的问题。冯铿和许美勋先是连夜冒雨从宏安乡跑到邻乡金砂乡（和汕头市郊的金砂乡同名）一个亲戚家暂避。刚住下，就听到宏安乡被洗劫、屠杀、奸淫的情形，冯铿愤怒得坐立不安，梦中又喊又叫。

为了不连累亲戚，冯铿乔装男性，与许美勋伪称兄弟，由农民们带引到桑浦山内的新寨村。一路上，冯铿不止一次地感叹："这就是战友，只有在危急时互相支持才表现着力量。他们对我两真是胜过亲兄弟。我们只不过帮他们搞夜间识字班，和他们讲过几次时事，现在他们就这样关心，把我们当成骨肉看待！我真是痛悔以前不应该不多多地为农会工作，现在他们这样关怀，实在觉得惭愧！以后我要多多工作……"

在逃避到新寨村来这个时期，冯铿才感到生活的真实味道。只有在并肩作战中，在和敌人面对面的斗争中，才深深感到伙

桑浦山地图

伴、同志的真正意义。在这里山色空漾，情浓似酒，她跟贫苦而纯朴的农民打成一片，真正尝到农村生活的滋味。新寮村是个有革命传统的农村，农民都倾向革命，再加地处山里，农民都分出自己已经不够吃的粮食来接待这些逃亡者。虽然没有什么好鱼肉、好食物，但是地瓜、芋头、蔬菜和果子，这些东西都含着农民的纯真感情在内，它比糖更甜，一切都美好。全村所有的农民，无论男的、女的、老的、少的，都像一个人团结着，他们都是雇农和自耕农，没有中农以上的。他们对地主的仇恨真是深入骨髓，对反动派屠杀工农、压迫人民的暴行都非常愤怒。对于潜匿在村里的从各方面来的同志们，都亲切得如兄如弟。他们每个人束紧腰间的草索，从本来便不够吃的食粮中再节下一点，大家集中来供给这些流亡的同志。起初从各方逃避到这儿的足有二三十人，后来因怕反动派追踪，也不愿再给农民们加重负担，更重要的还是要分散到各地做联系、组织工作，所以不久，便陆续离开了。剩下的只有五六人，但暂时经过和在此接头、联系、开会的人多得记不清。

起先，村里少女们、老太婆们对冯铿总是放射着特别亲切但也奇怪的眼光。有一天，一位老农民当她和许美勋同在一处时便很认真地问道："你们兄弟为什么不大像？"冯铿很自然地回应，"我们同父不同母。"不久，冯铿觉得没有乔装的必要了，她恢复了女装，几天工夫就把每户农家都跑遍了，吃他们的东西，睡他们的床，穿他们的衣服，胜似一家人。她深刻地尝试着农民的生活滋味，床下养着猪，夜里响着鼾声，土墙，草屋顶，用竹竿编成的门。但隔了些时日，他们又住不下去了，因为形势越来越紧，风声不好，反动派的军队到处抓人、剿乡、抢掠、奸淫……而且这村庄流行疟疾，冯铿也染上了，既没有药也没有医生，只得离开新寮村，继续流亡。于是这一村住半个月，那一村住十天，照顾他们的全是贫苦农民，他们忍饥挨饿分一个地瓜、半碗稀饭来供养他们。有时，一个小村里就容纳了这样的几个流亡者。

在结束各处农村的流亡生活，冒险再回到汕头藏匿起来的前夕，冯铿听到宏安乡农民一次破坏潮汕铁路，隔天，反动派军队开进乡里，抓到53个壮年农民，把他们全都枪毙在鹊巢车站。在冯铿结识的几个农民中，有一个叫幼弟的小姑娘，很聪明勇敢，冯铿只教她半个月，便识了好多字。在离开新寨村不久，冯铿听说幼弟被反动派抓去，说她刺探军情，吊死在树上。冯铿悲愤得把饭碗摔破在地上，喊着"我要替你报仇"。这次流亡生活，让冯铿深刻认识到谁是敌人，谁是友人。她也深为农民的革命斗争精神所感染，认识了群众的伟大力量，为她以后的创作打下良好的基础。

深秋的一个黄昏，又黑又瘦的冯铿和患病的许美勋回到汕头，蛰伏家中。冯铿从老师同学中听说，"四一二"反革命政变后，许多人被杀了，好多人跑了，好多人被监禁了，也有好多人叛变了，存下来的很少很少。冯铿亲眼看到革命同志被屠杀的惨状，她也遇到过坚持斗争的同志，还帮他传递过口信。她得知牺牲同志的家属生活陷于绝境，她去看望他们，把身上仅存的一元几角钱，全部给了他们。她说："一想起这些冒生命危险在和反动派作斗争的革命者的时候，自己便觉得惭愧……一想起许多牺牲者的家属饥寒交迫，喉咙便像塞着棉花，吞都吞不下。"冯铿怀恋着农村，深刻感到农村虽然同样危险，反动派谁也不放过，可是还有斗争，有时可以拼个你死我活，不像在城市就是笼底鸡一样，束手待毙。她回忆起在桑浦山麓西山村的斗争，傍晚时分，在得到反动派军队即将进攻的紧急情报，全村立刻行动起来，老弱妇孺全部撤退，躲到村外面一座山上，那儿有好多石穴岩洞和树木可以掩蔽。壮年的农民摩拳擦掌，埋伏在村四周的要口。半夜敌军到了，大约百多人，分几路挨近村来，从村的周围立即响着枪、土炮、小炸弹，只有几杆七九步枪，便把敌人制服了。

正当白色恐怖笼罩得天昏地暗时，南昌起义军挥戈南下的叶挺、贺龙部队分别占领了潮州和汕头，有如天昏地暗之时，一声霹雳，照亮了大地。1927年9月23日，南昌起义军抵达潮州，第二十军第三师司令部设于涵碧楼，并于24日成立了潮安县革命委员会，这是南昌起义军进占潮汕后帮助当地建立起来的第一个红色政权。随后，起义军于24日下午进发汕头，在大埔会馆设立了总指挥部。25日，汕头市第一个红色革命政权——汕头市革命委员会正式宣告成立。26日至27日，贺龙、叶挺率主力第十一军第二十四师，第二十军第一、二师约6500余人进占揭阳，并于28日在揭阳汾水一带与敌军开展两昼夜的激烈战斗，史称

　　　　　　　　　　　　冯铿画传

潮州涵碧楼

大埔会馆旧址

起義部隊到達潮汕後街頭張貼的標語

擁護革命委員會，歡迎葉、賀革命軍！

擁護國共兩黨合作到底！

反對共產黨即反革命！

擁護孫夫人對時局宣言！

實現總理遺囑，耕者有其田！

實行八小時工作制！

提高工人生活！

鄉村政權歸縣、市民協會！

工農武裝起來！

肅清城鄉的反動勢力！

田租最多不得超過百分之二十！

沒收一切祠堂廟宇公地歸農民！

起义军张贴在潮汕街头的标语

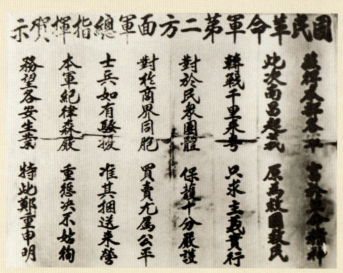

贺龙签发的安民告示

冯铿画传

"汾水战役"。30 日，国民党军进犯潮州，起义部队腹背受敌，被迫撤出潮州。傍晚，起义军及其领导机关主动放弃汕头，进行战略性转移，一路向西往海陆丰方向行进。10 月 1 日凌晨，前敌委员会和革命委员会领导人周恩来、恽代英、李立三、刘伯承、聂荣臻等和工作人员从汕头撤往普宁流沙。南昌起义军从在潮州建立革命政权到撤离汕头的七天时间，点燃了潮汕人民的革命热情，播撒了革命的火种，使潮汕成为中国建军历史上不可忽略的重要一站。

同样，冯铿也热情参加了活动，在这期间，冯铿兴奋异常，一连几天在外面奔跑，碰到以前认识的同志，尤其是女政工人员时，就激动地互相拥抱。冯铿比上学时还忙乎，一搁下饭碗便往学校跑。冯铿的母校友联中学，这时成了起义军的临时伤兵医院。冯铿在这里是熟客，忙着跑东蹿西，帮助"医院"和伤员筹借用物。起义军政工人员组织了慰问队，冯铿参与了他（她）们的活动，引导着队员们挨家挨户，慰问牺牲者的家属。声讨蒋、汪反革命罪行的安民布告，冯铿几乎都能背出来，"蒋逆中正叛变于前，汪逆兆铭叛变于后，大好河山一盘破碎。……本会起义南昌，继承革命正统。……""照得本部各军，富于革命精神；此次南昌起义，原为救国救民；转战千里来粤，只求主义实行；对于民众团体，保护十分严谨；对于商界同胞，买卖尤属公平；士兵如有骚扰，准其捆送来营；本军纪律森严，重惩快不姑徇；务望各安生业，特此郑重申明。"牛屠地广场上的群众大会上，冯铿第二次见到了周恩来，群众大会上，她喉咙都喊哑了。这著名的"潮汕七日红"虽梦般地很快过去了，"像一场梦，但这梦给我鼓励很大，我认识了革命的力量。"冯铿这样说道。

成立"东方学校"

在汕头匿居终非久计，既没有职业，又不愿依赖家庭，冯铿与许美勋生活陷入了困境。在极端沉闷、黑暗、严冷中，他们度过了1927年的冬天。为了谋生，1928年春天，冯铿与许美勋离开汕头，到澄海县当县立小学教员，冯铿还兼任县立女校的教员，以解决生活的困窘。当时，她是因为生活陷于绝境，才冒险到澄海来。因为这里认识的人少，工作不忙，可以有充裕的学习时间，许美勋则可以养病。

到澄海以后，冯铿的精神经常紧张着，情绪总是悲愤、不安。她对学生非常的爱护，因为她一接触这些纯洁的学生，就立刻联想到反动派屠杀许多可爱的学生。从与学生的谈话中，她知晓自去年4月起，被反动派逮捕、屠杀的，单是男女学生，便多得记不清。在得知一个女生的表兄弟被杀害后，家里只剩下一个白发祖母和一个弟弟，他的父母亲在暹罗（现泰国），根本还不

澄海县立小学旧址

知道儿子已经不在人世的事实。同学们也瞒着他的祖母，只说她孙子逃跑到别的地方去了。冯铿便和那个女生去她表兄的祖母家里去，在几次看望后，冯铿就跟白发祖母熟悉起来。得闲时候，冯铿便去看她，还喜欢在她家里代做一些事情，比如扫扫地，洗洗碗碟。她在老太婆家读着暹罗的来信，每次父母总是询问儿子的消息，这更使冯铿感到心痛。隔了几天，冯铿善良而幼稚地冒充表兄名字，邮寄一信，说到广西去了。而这封信却是拜托在汕头的同学投进邮局的。在这封假信里还特别注明：这信是托朋友带至汕头邮寄的。表兄的祖母接到这封信后，随即买了好多东西拜佛祖，并即刻叫那位女生写信寄到暹罗向儿子儿媳报"喜"。

冯铿觉得只有这样做了以后，才舍得离开那孤独、年迈的、为革命牺牲者的祖母。

在这里，冯铿和大多数老师、学生、家长都相处得很融洽。没想到，却惹恼了县立女校的女校长，她认为冯铿这样接近学生、同事是为了想当校长。于是，校长处处探听冯铿的来历，造谣污蔑，处心积虑地排挤她。女校的校长是当地西门一个蔡姓豪绅的三房姨太太，她之所以能当校长，是由于反动派的支持。疾恶如仇的冯铿早就看不惯她。终于有一天，她当面指责女校长"专门托大脚，巴结官僚，拉皮条，勾引女生和官僚搞不知羞耻的关系"。女校长被她骂得眼泪汪汪，便向县长、教育局长告状，说冯铿经常和学生搞在一起，背景可疑，分明是赤化分子，配合农村的"农匪"在捣乱，破坏她的威信，等等。结果，冯铿被辞退了。全校女生闻讯，自动集合起来，列队向县府请愿，要求冯铿留下，未获准。第二天，县立小学校长请冯铿多担任一班课。第三天，女校80％的学生自动转到县立小学读书，女校立刻变成了空营盘。县府命令县立小学不许容留女校学生。县立小学校长回答："我无权拒绝学生就学，除非局长、县长下命令。"

城内议论纷纷，学生家长们都很气愤，质疑为什么要辞掉好老师，而许多饭桶教员却是铁饭碗。冯铿对学生们那么亲切，时时到学生们家里访问、座谈，有些年岁比冯铿大的学生把她看做亲姐妹似的。然而，女校长进一步控告县立小学校长反对政府，事态严重，非同小可。县长又下令撤换县立小学校长。这更激起两校师生的愤怒，他们联合举行示威游行，呼口号贴标语，要求县府收回成命，并立即将女校长撤职查办，澄海县城顿时沸腾起来。看着队伍出现在街上，学生们高呼口号的尖锐、热烈的声音，冯铿兴奋地说："这也好，痛快。自去年四月以后，便没有听见高呼口号的声音，也没有看见游行的队伍……"

事件发生后，县立小学校长、冯铿、许美勋以及许多同事都被撤职。几天后，澄海城里一座陈姓祖祠出现了一所"东方学校"，校舍后面有很宽一片旷地，中央有一土堆隆起，很像一只三角蟾蜍。绿草如茵，在朝阳和夕照中，有许多天真活泼的儿童在这儿跑跳、唱歌。这是被撤职的教职员们创办的，学生有200多人，都是自动转来的县立小学和女校的学生，原县立小学校长任校长，冯铿等仍当教员。冯铿看到学生们的热烈拥护、同事们的辛苦支持、家长们的同情援助，感动得流下了泪。

反动派当然不能眼巴巴地看着这个新的学校在成长，就用反动的政治势力加以压迫、解散。冯铿不得不含着眼泪，咬紧牙根和许多送行的同学一一握别，回到汕头。但冯铿从这次斗争中看到了未来。当她坐着人力车驶过一座木桥时，下面是韩江的支

韩江之滨

流，波涛浩茫奔向大海，她兴奋地指着江水说："从这次斗争中，我再进一步看见美丽的未来！潮汕的青年就如同这韩江的怒潮，结果一定会把古老的反动的制度冲掉！"

掌握文学这一种武器

1928 年 6 月，冯铿和许美勋又回到了汕头，空气依然那样郁闷，生活依然没有着落。冯铿眼看着反动派的狐群狗党，横行无忌，卑污龌龊，简直是鬼魅禽兽的世界。她感到和他们住在同一地方，便好像被侮辱似的。尤其看到勤劳善良的人们备受摧残，而自己却无能为力，便好似眼巴巴看着孩子们爬向井边，自己却不能跑近去拯救，要她强闭眼睛不望，这使她很苦恼，也让她患上了严重的神经衰弱症，常常整夜失眠。幸好一位仗义、热情的朋友陈若水，答应安置、照顾他俩的住所和生活。于是他们便在夏秋之交到离汕头以北 20 多公里的庵埠，寄居在一座废弃了的名为"亦园"的书斋楼上。那里林木毓茂，枝叶婆娑。楼窗正对潮汕铁路，喷着浓烟的火车咆哮而过，把他们的心带到遥远的地方。冯铿充分利用友人丰富的藏书，夜以继日地读书、写作。她说："我要赶紧学好本事，掌握文学这一种武器，替我所敬爱的人复仇，实现我的理想。"

在经历了一年多动荡不定的流亡生活后，冯铿重新拿起了笔。在那里，她写下了几部颇有意义的作品。这段时间也是冯铿创作的中期，即 1927 年夏至 1928 年底的过渡时期。包括 1928 年春、夏写于汕头的爱情诗《待——》《这帘纤的雨儿》《莫再矜持》，鼓动诗《晨光辐辏的曙天时分》，以及散文《海滨杂记》等；同年秋、冬写于庵埠的爱情诗《春宵》《高举杯儿》《千秋》《离愁》，独幕剧《胎儿》(手稿)，短篇小说《C 女士的日记》和中篇小说《最后的出路》(手稿)，多载于《白露》《北新》《女作家杂志》等刊。

这个时期的诗歌，思想比前期更为含蓄蕴藉，形式则从小诗、自由诗向格律诗过渡。爱情诗比之 1926 年秋天在中学时写的爱情诗，显出一些成熟感和沧桑感，有着更大胆更勇敢的表示和些许的悲凉味。那时是"让相思来占据我的心力"，是对爱情的热望，如今则叹息："何时才了呀，这相思之情？"在《莫再矜持》中，她写道：

请莫再矜持了罢！

难道你就忍心这样别离？

你看，那素月就要东升，

让我们再来一次临别的抱吻！

　　这时的诗已经没有了南国少女初恋时的"矜持"，代之却是"临别的抱吻"的凄凉。热烈歌颂劳工力量、鼓动斗争的《晨光辐辏的曙天时分》，大约在澄海斗争失利回汕头时所作，格调高昂，难能可贵："在这晨光辐辏的曙天时分，谁愿在被温（被窝）里的柔腰之旁，连想（联想）到在那肮脏的场所里，我们瑟缩地，正磨练着苦工？'叮铃！叮铃！'是我们钢铁铿鸣；'吭唷！吭唷！'是我们呻吟之声。烬里的火焰熊熊地灼燃着，灼燃着哟，是我们血之沸腾！"

　　1928 年 6、7 月间，冯铿在汕头写了四篇以《石莲》《毕竟还是玩物》《夫妇》《滑稽》为小题的散文，以《海滨杂记》为总题发表于上海的《白露》，其中的《毕竟还是玩物》与《滑稽》，批评某些"时代女性"，刚刚摆脱封建婚姻的枷锁却又立即套上物质享受的链条。满口"革命""爱国"的新名词，一转眼又涂脂抹粉，在汽车里"遍身像要倒下去般，紧靠着穿军服的男同志坐着！"冯铿感到这太"滑稽"太可笑，并为这些妇女"同志"的

《白露》杂志

甘做"玩物"而悲哀。这几篇散文体现了思想性、社会性和战斗性的统一。冯铿不是单纯的写景，或抒一己之情，而是借景物以言志，借叙事记人来摄取一种社会的图景，勾画某种人物的姿态、行为与笑貌，是大革命风云之下社会一隅的真实记录和描摹。

这个时期，留下的剧本仅独幕剧《胎儿》（署名绿萼），于1928年作于苓东的小村里，它通过描写一个小学教师的生活窘迫，揭露了当时社会贫富悬殊的不合理现象，控诉了"不良的政治""茧般的社会"和"万恶的社会制度"。小学教师徐晓霞是一个"强毅的女性"，两年前爱上了另一个寒酸的穷书生陈文如。不久，小学倒闭，两人失业。陈文如想写稿谋生，成了"失业潦落的文艺家"。徐晓霞坚持与陈结婚,与家庭也断绝了关系。结构紧凑是这个独幕剧的一长处。冯铿抓住徐晓霞怀孕后筹不出接生费这件事展开戏剧矛盾。当时正是深秋季节,可是他们当掉的冬衣还没有赎出来,小宝贝的衣服也只有一件,还是妈妈的旧衣服改的。面对困境,他们后悔没有堕胎。然而,"我们那时哪有一笔堕胎的费用呢?医生说,大概非五六十元不行,我们不是给这问题阻挡了么?何况,你还有着的是病弱的身体啊!"正在两人商谈间,有人送来了一封信,原来是稿酬。他们以为有了希望。报社寄来了15元稿费,可是有句说明"那篇是勉强采用了,以后就不欢迎来稿了"。这样,希望又顿时化为肥皂泡。在这濒于绝望的时候,恰巧有徐晓霞的老同学来看望。这位当了新式少奶奶的摩登女郎,正出门为她刚出生两个月的小孩买了大包衣料。她路过徐晓霞家里,看到这穷酸的环境,连坐都坐不下来。遇到这个突如其来的刺激,徐晓霞下决心要堕胎。可是,堕胎费在哪里呢?不堕胎不是更困难吗?他们两个人就这样在绕着这个苦闷的线团,根本解不开。徐晓霞的小家庭,本来和睦、融洽,她曾向往着:"花般的迷梦配着那清幽的生活。每天上完课回来时,路旁白野花都蔷薇样的可爱呀!"可是,"四一二"的政治突变,使学校关闭,教师失业;失业之后,又有胎儿,这就更活不下去了。一经背景点明,就使这个剧本除一般地揭露贫富

冯铿《胎儿》剧本手稿

对立之外，又有了新的高度，控诉"不良的政治就会把她全盘弄糟了"！

1928年冬在庵埠，冯铿创作了第一部中篇小说《最后的出路》，原名《女学生的苦闷》（署名冯占春）。手稿共185页，用的是每页200字的稿纸，全文近4万字，分28章，但仅发表前6章，这是冯铿一生所写最长的作品。小说以大革命时期的广东潮汕地区为背景，描写了女主人公郑若莲（后改名芷青）在封建大家庭中的遭遇，以及她读书、恋爱和沉沦、振作，最后出奔的过程。郑是南国K省C城S村富家的遗腹女，母为"填房"，父早丧。幼年生活在富豪的大家庭中，孤儿寡母，任族人鱼肉。后从

S村迁居A市。1924年春聘家庭女教师吴先生，结识其甥女新女性许慕鸥，开始接触新思潮。翌年春经许介绍入C教会女校初中班，获"美人儿"的雅号，为教务主任、英算教师宋师玉所追求。结果宋受E国校长警告而离去，郑亦被开除。秋天再由许介绍转入男女混合的W校，被选为学生会执委，参加"五卅"示威游行及欢迎国民革命军东征庆祝活动。与同学白其宁相恋，又为华如章等不良少年所追逐，一度沉沦堕落。1926年夏，母亲郁郁而逝，她停学回S村，受三叔管教。次年春逃出S村当家庭教师，其间广州发生反革命政变。夏天回A市，由姑妈资助复学于W校。接着发生"潮汕七日红"。1928年春由三叔领回家中认识了俗不可耐的南洋商人金贤瑞，由叔婶作主订婚。在许慕鸥的启发教育下，重新振作，再次逃婚，是为最后的出路。作者这样描绘芷青"热情和勇气象火烧般烧着她的心，她几乎跳跃起来了，把两手向前伸去，抬头看时，对面照身镜里映着自己苍白的脸孔上，充满了坚毅、果敢的表情"。于是，她把订婚的钻戒抛向临街的窗外。这显然是抛掉资产阶级劣根的象征。她终于奔向最后的出路——革命。这篇作品的主要价值，除控诉了人压迫人的"社会的一切剥削制度"，喊出了"为自己为群众努力奋斗"的妇女解放的呼声外，还在于敏锐地反映了当时重大的政治斗争，抨击了国民党反动派的黑暗统治，并与反帝的思想内容相结合，表

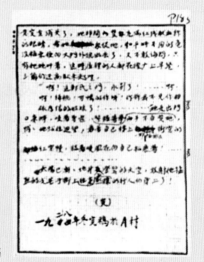

《最后的出路》手稿

1929年9月,《女学生的
苦闷》(《最后的出路》)发
表于《女作家杂志》

现冯铿极大的艺术勇气。

　　这一时期，随着冯铿视野的开阔，技术的长进，作品的思想和艺术也不断提高，开始能够展示广阔的社会斗争风貌，也写得更加细致而深刻了。当然，作品还较多地流露出小资产阶级的感伤情调，这是冯铿在创作过渡时期必然产生的现象。

奔赴上海

亦园虽好，也非久留之家。每当从楼窗前看着咆哮而过的火车，冯铿的精神就好似随着它冲向广大自由的世界去似的。生活暂时虽免飘荡，但精神总觉不安，过着躲藏的生活，连言笑都不自由。更使她抑忍不住的是反动派极端的白色恐怖手段，使得附近的农村中被屠杀、被逮捕的农民很多，他们有的跑向南洋，有的逃亡外方，农村的荒凉和严冷的气氛跟着加深了。

冯铿早就知道许多同志都逃亡在上海，正环绕在无产阶级的先锋队——中国共产党周围，向反动派反攻，他们用笔和枪、铁锤、镰刀联合在一起奋斗。冯铿不甘于长久落伍，不甘于离开斗争，离开群众便成为孤零零可怜的一个人，她决心投向党、投向文学、投向斗争，用她整个的生命贡献给美丽的未来。冯铿的心早已飞向中国无产阶级及其政党的诞生地——上海去了。1929年2月24日元宵节，她与许美勋乘海轮到了日夜向往的上海，去寻求革命的真理。

初到上海，许多新鲜事物像磁石般吸引着冯铿。在冯铿眼里，上海与汕头呈现着一种截然不同的气象。在吴淞口港换乘小火轮，然后慢慢驶进黄浦江十六铺码头的水面上，她看到的巨轮，一律飘扬着外国国旗，所有的军舰和商船，都属于那些异国的旗帜。南京路上霓虹灯，成双结对的摩登男女，珠光宝气的太太小姐，苏州河口拥塞的小木船，腰间系着绳索、趴在船沿、伸手在乌黑的水面上捞着漂浮垃圾的饥饿孩子，骨瘦如柴双目失神的贫穷妇女，在冯铿眼里，形成了极大反差。畸形繁华的大上海，既是富人的天堂，也是穷人的地狱。组成上海这个陌生城市的还有那些西装笔挺、高鼻深目的洋绅士，大腹便便、穿着洋装或长衫马褂的富商巨贾，制服花哨、穿着考究的外籍巡捕；包青头巾、留大胡子的印度守门人；行人如织，却无不行色匆匆，表

1929 年春龙华塔下，中间站立者为冯铿。（转自许美勋所著《冯铿烈士》插图）

情淡漠。冯铿感到这个城市是那么遥远，那么虚幻。来到上海的第一天，她便去南京路凭吊"五卅"血案的遗迹，在老闸捕房、三大公司周围的大街小巷来回跑着。回忆当年自己在汕头演剧筹款支援上海工人的情景，心潮澎湃，久久不愿离开。桃花初绽时节，她又去龙华塔下观赏花海，兴奋得手舞足蹈，心花怒放。

一踏入上海的土地，冯铿便觉得自己好像离开母亲的孤儿，这回再见了似的；她觉得和党接近了，像看得见党的形象一样，她感到愉快、兴奋，坚强斗争的活力，火焰似的从她的胸中燃烧起来。冯铿初到上海，先是在北四川路施高塔路（今山阴路）四达里租了一亭子间，旋即搬到了北四川路公益坊三十八号南强书

南强书局

局楼上居住。在这里，更使冯铿挂念的是故友亲朋。她与许多同志见过面了，有的老了，有的瘦了一些，但他们都表现着一种不屈服的性格，虽然姓名都变了，但革命的品质不变。

有一天，老大哥杜国庠（林伯修）来到了冯铿和许美勋居住的亭子间里。西装革履的杜国庠脱下了西装外套，从他那暖胃护腹的肚兜里掏出了一份《红旗日报》，冯铿一边展开那份带着体温的秘密党报，一边惊叹老大哥的智慧。因为大家都知道杜国庠患有严重的胃病，随身总是带着一个暖胃的肚兜，却无人想到，他会把文件藏在肚兜的夹层里。冯铿终于知道，老大哥的笑容，笔挺的西装、锃亮的皮鞋、黑色的毡帽和鼻梁上的眼镜，掩护了多少革命的秘密。冯铿握着报纸就像握着久别重逢的母亲的手似的。杜国庠兼任南强书局编辑，三天两头即前来看稿；来则至冯许的房间相聚倾谈，上下几千年，纵横数万里，三五良朋，无所不言。他们互相传播着全国各地革命运动消长变化的态势和统治集团的各种动作，传播着翻涌起伏的国际政治风云和迅猛发展的世界共产主义运动，探讨马克思主义理论问题。

后来，冯铿到洪灵菲他们组织的"我们书店"去，碰到一个女工人，穿着一套青布短衫裤，头发向后梳，年纪大约只有二十上下，说起话来非常明快、生动，而且在谈文学。冯铿问洪灵菲这位女工是干什么的，说话这样艺术。洪灵菲介绍说她几个

洪灵菲

月前还是一个文盲呢，现在已经会写短文章了。冯铿受到了极
大鼓舞，自语道："不用说她入党之后受到教育锻炼，进步才这
样快……"

　　冯铿一直怀抱着求学深造的愿望，初至沪上，她的愿望似乎
就实现了。冯铿先是进持志大学英语系读书，不久因学校腐败和
经济拮据而中断，后转入复旦大学英语系，不久又因工作需要和
经济困竭而辍学。但她在百忙中坚持自学英语和日语，喜欢将同
一本小说的英、日和中文版对照来读，认为多懂一门外语就等于
眼前多打开一个崭新的天地。冯铿像沉没在学习的湖里似的，经
常阅读着党的文件、唯物主义哲学、革命文艺理论、苏俄文学作

品等。短暂的大学生活也丰富了冯铿的阅历，使她有机会观察各种类型的青年：有的醉生梦死，在声色追逐中消磨青春；有的埋头学业，专注于个人的出路；当然也有少数清醒者，他们关注国家的命运，焦灼民族的前途，同情黎民的生死……冯铿还以大学生活为题材，写了两部短篇小说《无着落的心》（手稿）和《遇合》，载于《北新》，叙述革命与恋爱纠葛的故事，揭露学校、社会的腐败和黑暗。其中，1929年初夏所作的短篇《遇合》中，塑造了黄冰华（化名王渊如）这个"坚毅热烈的身经变故的女革命家"的形象，由于笔力不逮，这个形象线条粗放而轮廓模糊，仍缺乏感人的魅力；然而这次是在她的作品中第一次出现革命者的形象，无疑是一个值得庆幸的开端。可惜的是，这些小说明显受到那时流行的"革命＋恋爱"公式的影响，写的都是大学生悲欢离合的恋爱纠葛，在细腻的心理描写中残留着小资产阶级的思想感情，过分注重情节叙述而人物形象不够生动，意义有限。

这时，许美勋在南强书局当编辑，又与王任叔、蒯斯曛等合办同人刊物《白露》月刊。冯铿对南强书局怀着亲切的感情，她虽然没有在这里任职，但她生活在这里，她不仅身居其间，而且心居其间。南强书局与左翼社会科学家联盟关系最为密切，吴黎平、柳岛生等人都是"社联盟员"，也是中央文化工作委员会成员。南强书局在文学方面的"背景"是"太阳社"和"我们

持志大学

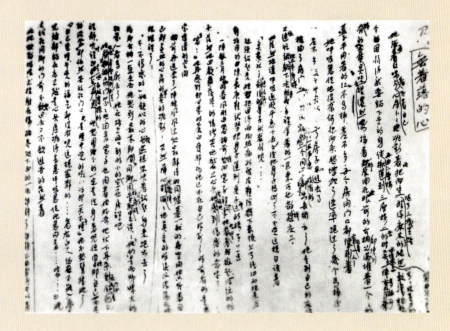

《无着落的心》手稿一页

社"。除专职编辑,南强书局还聘请李达、杜国庠、柯柏年(李春蕃)等为兼职编辑,而所有这些著译者和编辑,居多是共产党人,有些甚至是知名的早期共产主义运动的领袖人物。冯铿身处其境,耳濡目染,如鱼得水。在南强书局,冯铿不仅获得先行者的教益;她也帮助南强发现人才,奖掖后生。研究经济学的潮汕人许声闻(许涤新)时常到南强书局来,他口袋空空,冯铿一次又一次赠给他大摞大摞的新版书。福建青年马宁是位贫穷的无名作者,冯铿将马宁的小说《铁恋》推荐给南强书局出版,使马宁一举成名。对此,马宁非常感激,认为冯铿是自己的救命恩人。冯铿与马宁最初在南强书局见面的时候,冯铿自我介绍说名叫冯铿,并很谦虚地说:"这个名字你一定极少见吧?我是极少

马宁

发表文章的，在《拓荒者》上发表一篇《突变》，也不好，你看过吗？"马宁不曾听见她讲过一句自满的话。

职业革命者

辍学后，冯铿开始从事革命实际工作。她参加了"飞行集会"，写标语、散传单等，常在暮色苍茫中到工人区去活动。她和中共上海地下组织的距离也越来越近。

当她第一次在南京路参加"五卅"纪念示威游行时，铁流似的革命队伍，冲破帝国主义军队的阻拦，浩浩荡荡地向前行进，冯铿深刻体会到群众力量的无比强大，这队伍就是一支铁流，足以冲毁一切前进的障碍。地下斗争的实践也使她慢慢变得老练，学会与巡捕和包探"捉迷藏"的拿手好戏。经过一段时间的考验，就在 1929 年 5 月，由杜国庠、柯柏年介绍，冯铿和许美勋光荣地加入了中国共产党，组织关系在闸北区委第三街道支部，支部代号"贾珊小姐"。由于这个支部的绝大多数党员，都是知识分子和文艺家，所以大家为支部取了这个文雅的代号。一个带有谐音的代号，看似轻松的背后，却是艰难和危险。而加入中国共产党，也标志着冯铿从脆弱的小资产阶级知识分子，成长为坚强的无产阶级先锋战士，进而成为职业的革命家。

杜国庠

柯柏年

冯铿画传

在光怪陆离的上海，虽生活拮据，但冯铿却拒绝领取地下工作人员每月 20 元的生活津贴，自己的稿费和许美勋的工资，成了她日常生活的来源。

冯铿的工作从街头写标语、贴传单开始，必须躲避那些幽灵一般出没的警察、巡捕和包打听，还有那些脸上没有标记的便衣特务。冯铿眼睛高度近视，行动也不敏捷，她觉得上街贴一张标语比在家里写一篇小说艰难百倍。冯铿在四川路一带用粉笔在电线杆上写标语，高度近视的眼睛成了她致命的障碍，她几乎将眼睛贴到了电线杆上，总会引起为她望风的同志事后嘲笑。她并不气馁，每一次行动都全身心投入，并在冒着坐牢杀头危险的地下斗争过程中迅速成长。

后来，冯铿终于学会了这种"职业"，面对危急的情况，她也能处之泰然，应付裕如了。"甩尾巴""捉迷藏"成了她的拿手好戏。在她活动的区域，哪间商店有后门，哪条小道有岔道，她了如指掌。暮色苍茫，路人匆匆，这正是活动了一天的人们注意力较难集中、视线容易模糊的时候，冯铿抓紧这一有利时间，来到工厂区，与三三两两散工的工友擦肩而过，一份份五颜六色的传单便这样神速地塞到工人们手上。面对有的工人接了又迟疑起来好像拿到一只就要爆炸的炸弹，她稍微停一下，便说："怕什么呢？工人不斗争！怎么生存！"而有的工人接着好像饥饿时

1930 年的印度巡捕

见了面包，巴不得立刻吞下去，停在路旁就想打开来读。这时，她又要稍微停一下，警告似地说："急什么呢？前面不是有狗来了！"果然，一个巡捕跑过去，几乎擦着她的臂膀。

革命工作时常没有人能预测到随时可能出现的危险。有一次，冯铿挟着一大包苏区识字课本的插图原版去印刷厂制版，路上突然遇到了巡捕和包探的检查。如果突然折回，肯定会让敌人疑问，关键时刻，冯铿灵机一动，目不旁视，装出匆忙赶路的样子，挤进人群，终于蒙混过关。

冯铿也参与过真正的公开战斗，在一次大规模的反对军阀混战大会示威大游行中，冯铿和某纱厂一个女工、复旦大学一个女生组成一个指挥单位，组织许多女工人、女学生参加大会。地点在南京路三大公司附近一条横街里面的某会馆。事前公开号召，在大街上写了好多标语，标明时间、地点。那天一早，南京路行人便格外拥挤。有从四面八方汇集而来参加大会的男男女女们，也有一早便调派来的各种帝国主义的警察武装。开会后，里面的群众冲出门口和街上的群众汇合。冯铿一面喊着口号，一面招呼后面跟来的群众。面对街上帝国主义势力的围堵，她高喊"冲出去"，也眼见着不少同志和群众给抓了，装上红色汽车开走，留下一片口号声。

　　革命形势向前发展，尤其是湖南、江西各省的农民革命和红军的浩大声势，把帝国主义反动派吓昏了。他们便在城市加紧开展白色恐怖。一方面，反动派用剥削人民血汗得来的金钱收买一些反动的文人，叫嚣着什么"民族文学"，想和无产阶级文学相对抗。可是并没有什么效果。当左翼杂志一出版，几千本一下子就给读者买完。甚至好多青年一早便站在四马路各书店门前等着，他们争先恐后，先睹为快。反动派相形之下，恼羞成怒，收买集聚了许多流氓暴徒由几个反动文人率领，突进各书店，把新出版的左翼杂志抢出、撕毁，丢得满街乱飞，引起市民们极大的愤怒。

冯铿与许美勋 1930 年在上海拍摄的照片

冯铿亲手织的羊毛背心

接二连三有同志被捕，形势一天天紧起来。冯铿也时时接到"即刻搬，下午一点前"或"连夜就离开，勿在屋内"这样的条子或口头通知。她便坐着一辆人力车，双脚跷在行李上，在街头漂泊。

革命者也并非不食人间烟火味，她有爱恋和思念，也有欢乐和忧伤。冯铿为革命工作而奔忙，不能与爱人朝夕相处，便利用乘电车等间隙，为爱人织了一件蓝色的羊毛背心，后来许美勋又把背心让给她穿。他们因生活动荡不宁而时常分居，一月半月彼此不明去向。一天，许美勋深夜回到住处，发现书桌上放着一叠稿纸、一包糖果和两听牛奶罐头，还压着一张她的字条："今天是你生日，我没有忘记，特地抽空回来，但不能等。稿纸和食品我已拿走部分。F。"她本来十分喜欢孩子，但为了革命需要，同居多年也想尽办法避孕，不愿意让孩子和家务妨碍工作。每一次分别，两人心里都有这样的感想："不知今晚能够安全回来吗？"

成为"左联"骨干盟员

一年多来，在上海，冯铿耳闻不少各地的同志奋起抗争的阵阵春雷、看到井冈山一带武装斗争的火焰正在方兴未艾地燃烧的闪闪红光，她还亲历了近在党中央身旁的城市地下的和公开的斗争，她更参加和体验着革命的思想文化战线的步步崛起。

中国左翼作家联盟成立大会会址

许美勋回忆"左联"成立大会的手书

1930年3月2日，在上海窦乐安路233号（今多伦路201弄2号）中华艺术大学的一间教室里，没有人会认为这是一个会场，台上一张讲桌，墙壁上一块黑板，台下破旧的长条靠背木椅，然而，这是一个以教室形式出现的会场，是一个没有会议横幅和标语的秘密会议室。中国左翼作家联盟（简称"左联"）成立在这间简陋的教室里，冯铿是出席成立大会的50余人和首批盟员之一。

　　在此之前，冯铿就预感到，随着"左联"的成立，文化战线的先进力量将进一步积聚起来，将作为革命之一翼，配合着整个斗争的不断深入，掀起一阵强似一阵的赤潮！同时，个人的文化活动，也将随着"左联"的成立而进入一个新的阶段，进入一个

《拓荒者》杂志

更有组织的、更强大的、更艰巨的、目的性更加明确的阶段。冯铿决定用新的笔名。于是，冯岭梅首次用冯铿的署名，在1930年春的《拓荒者》月刊上发表了《乐园的幻灭》。

在"左联"的成立大会上，冯岭梅和许美勋第一次用冯铿和许峨的名字公开亮相，"冯铿""许峨"这两个简单普通的符号，让两个革命者进入了脱胎换骨的人生。会上，主持人冯乃超宣读发起人名单，碰到疑点，便高声发问。冯铿突然听到台上问道："许峨，许峨是不是许美勋？冯铿，冯铿是不是冯岭梅呀？"起用新名，除了别有深意，还包含着保密的意思，被冯乃超这么大声一问，冯铿一时懵了，不知道如何回答才好，全场注目，她的脸竟一阵飞红。"左联"会员中原先有很多人不认识冯铿，这一次大概就是她的亮相吧。

"左联"是在中国共产党领导下进行文艺战线的斗争，除出版了《拓荒者》《萌芽月刊》《大众文艺》《北斗》等左翼文学杂志之外，还在各高等学校中组织了许多读书会，团结着进步的热爱新文学的青年男女学生，读作品、研究文艺理论，以致漫谈时事、联系政治等。暨南、复旦、光华、艺术等大学都有这样的组织。尽管"左联"是文学家的组织，但从领导到每个成员都没有把组织和个人的活动局限在文艺的范围，而是以参加政治活动、进行革命斗争为第一任务。参加"左联"后，冯铿在"左联"工农工作部服务，进行宣传发动。她相当活跃，在公啡咖啡馆，在南京路三大公司附近的写字间，在"左联"活动的各种场合，都不时闪现着她的身影。她还经常出席"左联"领导的读书会或文学组，与青年学生一起研究文艺理论和文艺作品，谈论时事政治。在上海就有着这样两种极端相反的学生：一种拼命享乐，腐化、堕落……结果成为反动派的特务走狗，和革命对立；一种却艰苦好学，忠诚朴素，始终为革命服务。在每次的学潮中，这两种势力总在冲击着，斗争着。但许多中间的学生，却常常受到革

公啡咖啡馆

命的影响，走上革命的道路。冯铿曾在某大学进行文艺工作，这些青年受到《母亲》《毁灭》《铁流》《士敏土》《爱的分野》等苏联小说的影响，并在她的启发下，走上了革命的道路。学校当局横施压迫，并恐吓说："你们莫非就是共产党？""共产党就是共产党嘛！"学生们也坦然地豪迈地公开喊着。

4月29日，冯铿出席了"左联"在福州路一家旅馆召开的第一次全体盟员大会。大会委派冯铿和柔石（赵平复）、胡也频参加即将在上海举行的全国苏维埃区域代表大会。5月20日，由党中央和全国总工会发起的全国苏维埃区域代表大会秘密召开。与会者有五十余人，代表全国各红色根据地、各地红军和赤卫队，以及各大城市红色工会、革命团体等。冯铿与柔石、胡也频代表"左联"出席大会，并向大会致《祝词》。他们站在马克思、列宁像前唱着《国际歌》，呼着口号，心情无比激动。来自苏维埃区域的红军、赤卫队和工农代表的发言，更使冯铿精神振奋，仿佛一个崭新的世界就展现在她面前一般。会议上，有一个红军代表和一位农民出身的妇女代表给冯铿以深刻印象，红军代表年纪只有20岁，皮肤古铜色，双眼就像两个探照灯一样。他作报告时绘声绘色，"我们为什么不会胜利呢？我们一定会胜利，我们运用宣传力量配合战斗。红军和白军隔着一道河，双方的哨兵可以互相通话。我们决不放弃一切机会进行宣传。常常这样：敌人带着许多武器，成班成排成连地投降过来。我们好好招待他们——为什么不好好招待呢？他们都是农民，都是被迫当炮灰的……"他的讲话让冯铿听呆了。那个农民的妇女代表是江西人，姓洪，只有 18 岁。冯铿叫她洪妹，会后带她在游乐场玩着，但是她对许多玩意、戏剧、电影，以及新奇的玩具、服装等都不感兴趣，一心想要回去工作。会议胜利结束后，冯铿兴奋地跟同志们分享着自己的心情，她回忆着 1925 年冬在汕头参加十月革命纪念及军民联欢会，感叹道："那回是革命高潮，国共合作，革命军胜利打入潮汕时期。这回却是在反动派叛变革命之后厉行白色恐怖时候，可是革命的气势更雄厚。而上海这地方却是帝国主义国民党反动派合力镇压中国革命的一个重点城市，我们却从容镇定，布置周密地开好了我们这么重要会议。这是直接对帝国主义者和反动派一次严重的示威，同时也是给他们一次重大的教训。"

从 1930 年 6 月起，冯铿被"左联"派到全国苏维埃代表大会中央准备委员会（简称"苏准会"）秘书处工作。她忘我地执行任务，"她越努力，工作越多，有时忙得连吃饭的工夫都没有，但她不表示丝毫疲惫。""苏准会"的领导人是李伟森（李求实），冯铿在这位久经考验的老战士身上学到了不少东西；当李伟森、何孟超等起而反对王明"左"倾教条主义错误的时候，她也毫不犹豫地参加了斗争。据当时一个了解情况的人士在 1932 年时回忆："……胡也频、冯铿、柔石和殷夫，与何孟雄很接近。冯铿尤其忙，到处跑来跑去，煽动人们反对……"可见她的积极与无畏。冯铿为"苏准会"写了很多文告、宣言、社论之类的宣传文字。比如她以"梅"的笔名写的有关报道，刊于党中央机关报《红旗日报》1930 年 12 月 29 日第 119 期上的《苏准会积极筹备欢迎劳苦群众参观苏维埃区，大家去看看苏区工农解放的实况，更能明白国民党统治是工农死敌》的通讯。

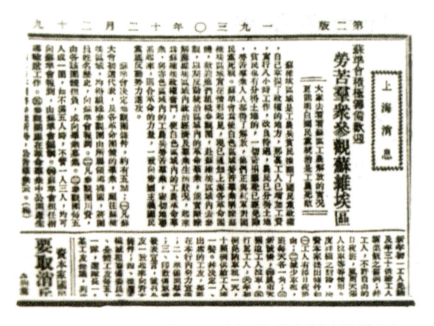

1930 年 12 月 29 日，第 119 期《红旗日报》上刊登冯铿为苏准会撰写的通讯

冯铿积极地参加党内各项活动，曾经冒着酷热去参加党内一个重要会议，沿街店铺少，树木少，被太阳晒软的柏油路面，更让人觉得热气蒸人。冯铿冒着汗水急急赶到开会地点。这是一所破旧的小学，放暑假了没有学生。会议在楼上召开，一个40多岁穿着背心、脸上有着杂乱胡须的人主持会议。他说："如果有问题，我们便说开校董会。讨论暑期办夜学的事。"然后给与会者分派角色。临到冯铿，他问："你会唱歌吧？"冯铿点点头。他就派她当音乐教员。冯铿笑了，说："我唱得不好听。"会议主持人说："总比我们男人好听吧。"引得大家都笑了，因为在座只有她一个女性。会议就像其他的秘密会议一样在进行，矮圆桌上面放着一份公开的、伪装的会议记录之类，上面各人签着临时杜撰的名字，如张辅国、林安臣等安分守己的花名。会议其中的一项内容是主持人宣读红军首长们的捐款："毛泽东同志××元，朱德同志××元，彭德怀同志××元……"冯铿听了心里很激动，她为这些英雄的名字所感动。一连三天，在火热的天气中，她流着汗跑路、流着汗开会。一天傍晚，路过一家电影院，正值散场，她看见几个奇装异服的青年男女才出院门口便像伤风似大打喷嚏。她咬着牙说："这样的世界，不革命，死了怎能瞑目，怎能甘心！""只有加油干！"

　　同时，冯铿仍然经常参加"左联"的工作与活动。12月，冯铿去参加胡也频和丁玲为满月的新生儿举行的"汤饼会"。客人陆陆续续都来了，主人给他们安排身份，你是舅子，你是表兄，你是姨甥……原来这是借"汤饼会"之名，行举行"左联"会议之实，从金神父路（今瑞金二路）出来时，街上灯火已很辉煌了。冯铿与朋友一起走一边议论："有个家庭真是温暖……""谁不让人们有温暖的家？""人们不是不爱儿女，但有了儿女怎么工作？"冯铿沉思地说："干革命的人，谁都知道不能保存日记、信件、相片；我想，爱情有时亦应该在不能保存之列……"

胡也频和丁玲

努力无产阶级的文化工作

冯铿到了上海加入中国共产党和参加"左联"之后，政治上、思想上和文学创作上都进入了成熟时期。她虽以主要精力从事于党所领导的革命斗争的实际工作。但为了革命斗争的需要，她用笔和敌人斗争、为革命服务，写了不少政治论文和指导实际工作的文章。她在紧张的战斗间隙，工作之余，也撰写文艺杂文、开展文学创作来进行斗争。作品的题材也从一般小资产阶级知识分子的情调，转向写社会底层工农大众的悲惨境遇、在党的教育下思想的觉醒，以及苏区劳苦大众翻身解放的喜悦。1929年春至1931年初是冯铿的后期创作生涯。

1929年冬，冯铿利用业余时间写了短篇小说《乐园的幻灭》（始用冯铿之名）和《突变》（署名冯铿），并发表于次年春《拓荒者》月刊上。前篇描写一位18岁的少女在南国乡间一所半似私塾半似幼儿园的小学校里当教师，过着恬淡幽清的生活，实现了中学时代梦寐以求的理想。可是广州"四一五"反革命大屠杀后，反动军队强占了她的乐园，赶走了她的学生，并无礼地侮辱了她。她愤怒得几乎要与暴徒硬拼，但立刻清醒地意识到"要忍耐，要合力，要组织，然后才反抗，对一切丑恶的反抗"。乐园幻灭了，"她的脑里闪上一幅光明的前路"。这实质上是用艺术形式严肃清算了自己前期逃避现实的思想。如果说前篇还是以小资产阶级知识分子为描写对象，那么后篇便是作者首次塑造的革命形象了。《突变》的小说女主人公阿娥代表着半封建半殖民地社会饱受压迫而尚未觉醒的工人，她是个虔诚的基督教徒，信仰梦幻里的天国，对一切凌辱都逆来顺受。然而，贫富悬殊的罪恶现实，撕破了宗教的迷人外衣，使她受到极大震动，开始提出"我们的天国在哪里呢"的疑问，并终于从宗教迷醉中醒悟过来，参加了工人群众的战斗行列，去寻求"世上现实的天国"。小说用贫富的强烈对比，在阿娥走向祈祷的路上展示了她思想变化的历程。这种转变未免显得突然，但无疑是冯铿思想的一个飞跃。《突变》发表后，曾被蒋光慈编入《现代中国作家选集》，也就是被认可为无产阶级革命文学新期的代表作品入选的。这两篇小说可以说是冯铿创作的转折点，也标志着她创作方向的转变，从此走上坚实的现实主义文学创作的道路。

1930 年 3 月 2 日，中国左翼作家联盟成立大会上，让冯铿印象最深的莫过于鲁迅《对于左翼作家联盟的意见》的重要讲话，特别是鲁迅强调"韧"的战斗精神，给她教育最大。所谓"韧"，就是不要把文学当作"敲门砖"，出了一两本诗集或小说集后，有了一点小名气后，便不再坚持写作了。因此，鲁迅说："要在文化上有成绩，则非韧不可。"冯铿曾是"左联"机关刊物之一

《拓荒者》的主要联络员，负责征集、接收与转递稿件的工作。在创作上也更加严谨而勤奋，从成功的苏联作品中，从前辈作家或较为成熟的左翼作家的作品中，汲取与借鉴新的创作方法，以求更透彻地认识现实，更娴熟地把握现实，更迅捷地反映现实，把自己的思想感情乃至语言风格都从小资产阶级的缠绵悱恻、悒郁低回中解脱出来，力图从内容到形式都有另辟蹊径的新生面。

从此，她利用一切业余时间，夜以继日地拼命写作，创作欲望也更旺盛了，有时几份稿子齐头并进或穿插进行。在短时期内完成了中篇小说《重新起来》（手稿），短篇小说《友人 C 君》（载《北新》）、《贩卖婴儿的妇人》（载《妇女杂志》）、《华老伯》，随笔

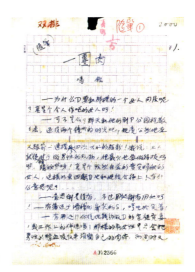

冯铿《一团肉》手稿

《一团肉》（手稿）等。还编选了诗集《春宵》，短篇集《铁和火的新生》。

《贩卖婴儿的妇人》则是冯铿创作在新阶段的新收获。小说描写挣扎在饥寒线上的劳动妇女李细妹，为生活所迫而不得不给人家当奶妈，为当奶妈而不得不忍痛将只有两个月的男婴抱到小菜场去贱价出卖可是却被巡警以"贩卖人口"的罪名逮捕了。末尾，女主人公呼天抢地喊着"……我把我的儿子救活，你们不肯；一定要我和儿子都饿死，你们才称心么？……把我们都杀尽了，你们才欢喜的！……"这个故事通过具体感人的艺术形象，

1930 年 12 月发表于《妇女杂志》的《贩卖婴儿的妇人》

猛烈地诅咒了国民党统治下吃人的罪恶现实，无情地揭露了半封建半殖民地社会资产阶级法律和资产阶级人道主义的虚伪。情节结构跌宕有致，人物心理细腻复杂，文字洗练，描写真切，标志着冯铿作品思想性和艺术性的渐臻成熟。这一成功的短篇，显示了冯铿在革命现实主义道路上新的攀援，跃进到一个新的高度。

《重新起来！》是冯铿的代表作，完成于 1930 年 5 月 1 日。作品完成后曾交付出版，但因环境日趋险恶而未能印行。全篇十三章四万二千言，是根据冯铿早年参加革命工作的经历，流徙山村生活的体验，以及到上海后所见所闻写成的。作品描写了大革命时期一双青年男女革命与恋爱冲突的悲欢离合的故事。女主人公小苹，生长于南国 K 省 T 县 G 村的贫农之家，父亲因反抗地主压迫而死，母亲抚养了他们兄妹二人。"她是一株由荆棘丛中苗长出来的乔木！"十三四岁时 C 江农民革命兴起，她有机会进平民学校读书。17 岁时正逢革命高潮，她成了村里农协文书部长和妇协分会主席，并被选为县里妇协总会常委。在她上调工作期间，认识了县党部青年部长辛萍君。萍君出身没落中产阶级，原是个浪漫热情的革命青年，大学还未毕业便回乡当教员，不久沉醉于文艺，憧憬着不可捉摸的乌托邦。23 岁时掀起革命狂澜，他投身革命，又追求爱情，更热恋着小苹那双光亮俏丽的大眼睛。后来风云突变，反动军队四处镇压革命群众，村里农运和县里工运都失败了，小苹的母亲和哥哥也被杀害。她在昏迷中被救出，潜居在穷乡僻壤的萍君姑母家养病。不久又被反动派追查而分离。萍君赴上海，投奔有钱的表叔，找到悠闲的职业，革命意志衰退，"有的只是一堆拨不出残烬来的死灰"。小苹却转移P村渔港教书，坚信革命终要胜利。两年后，萍君约请小苹到上海同居。小苹发现他俩思想已经离异，唾骂他是"革命的叛徒"，义无反顾地冲出狭小的牢笼，在无产阶级后代炳生兄弟帮助下，投身到伟大的工人群众的火热斗争中去，成为战斗集团坚强的一员。"她从迷梦中解放出来自己伟大的热力，达到了重新起来干着的目的！"作家结合自己的切身感受，深有体味地点染了主人公"重新起来"的题旨。"她的生命现在不是属于她自己所有，但也不是属于任何一个谁！那是已经交给了伟大的群众，象一根纤维般被织进一匹坚韧的布匹，永久的变成集团里的一员，而这集团便是推进那胎动的整个的原动力！"

最后，党又委派小苹回C江一带开展农民革命运动，去迎接新的锻炼和考验，"创造未来的光明"。作品的结尾以绚丽的笔墨，描绘了在主人公脑际和眼前所"交互的闪耀着两道鲜明的光辉"：

她看见在这天海苍茫消逝去了的上海，正射着工人们重新啸动起来的光芒，伟大的爆发快要炸开来！

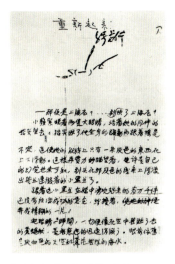

《重新起来！》手稿两页

　　同时，在这海天苍茫的另一处尽头，无数的农村照耀起来一轮重新升上来的红日！

　　而整个的世界都在这光辉里面重新啸动起来！！！

　　《重新起来！》是一部革命现实主义的力作。作品既充分展现了农村革命运动的发动和高潮时期的蓬勃景象，又如实反映了革命遭受挫折时的严酷现实，讴歌了从泥泞血泊中重新站立起来的英雄儿女，也鞭笞了在敌人淫威下匍匐膝行的软体动物；对大革命失败后，革命队伍分化离析、重新组合的历史现实作了典型的概括。同时展示了革命前景的光明绚烂，给人以鼓舞和激励。整部作品主题积极，人物形象生动，闪烁着强烈的思想光辉，堪称革命风云的时代画卷。小说以小苹在革命斗争中的成长道路为线索，以其"重新起来"为重心，主题思想积极，人物形象生动，文笔细腻深刻、清新明丽，结构精巧严谨、首尾呼应，具有强大的艺术感染力。

1930 年 5 月，冯铿出席全国苏维埃区域代表大会。这次大会给予冯铿极大的鼓舞与激励，使她有机会与久经沙场的红军战士、翻身做主的苏区妇女、英俊有为的少年先锋队队长、工人运动中涌现出来的职业革命家等人有了直接的交往与晤谈，为他们的英雄事迹所感动，为他们的精神面貌所感染，为中国大地上崛起的觉悟的工农大众而无限感奋。会议期间，冯铿与苏区的红军代表、妇女代表、少先队代表进行了交谈，并以他们的事迹为素材，创作了短篇小说《小阿强》《红的日记》。柔石写了通讯《一个伟大的印象》和诗歌《血在沸——纪念一个在南京被杀的湖南小同志底死》，胡也频写了短篇小说《同居》等。这是中国现代文学史上第一批直接反映和热烈讴歌革命根据地红军战斗事迹和工农群众生活的作品。

《小阿强》（载《大众文艺》）是一篇出色的现代儿童文学作品，冯铿用通俗亲切的语言，娓娓动听地向小朋友讲述了一个湖南苏区少年阿强怎样在革命斗争中从放牛娃成长为少年先锋队队长的故事，热情赞扬了他"高高地撑起一面血红的旗帜"冲锋陷阵的英勇行为，也号召小读者学习"这样的一个小布尔塞维克，小斗士"的光辉榜样。这篇小说题材新颖，思想倾向鲜明，是我国革命儿童文学萌芽期的拓荒之作，在现代儿童文学史上有一定的地位。

《红的日记》(载《前哨》)，又名《女同志马英的日记》《跃动的生活断片》，是根据马宁（当时化名马英）和郭滴人、陈品三讲述的材料写成的。它是至今所见的冯铿最后一篇作品，以日记本的形式，通过参军一年零五个月的苏区红军女政工队员马英的六天日记，描绘了红军和赤卫队从攻克 T 城到开向 G 城的火热战斗生活和宣传发动工作，满腔热情地讴歌了新型的苏维埃政权，歌颂了"铁和火的集团"红军的革命乐观主义精神，表现了人民群众的伟大力量。尤其可贵的是塑造了中国现代文学作品中第一个女红军可敬可爱的形象，这就是把枪当成"我的铁情人"，把笔记本当成"我的小宝宝"，敢于和一切"统治阶级拼个他死我活"的马英的形象。由于《红的日记》采用的日记体的自叙方式，便于作者把自己的生活体验融入作品，因而增加了作品的艺术感染力量。所以在发表时，《现代文学》编者赵景深特意撰文推荐，说它"在艺术方面似乎是极其锤炼的"。日本作家尾崎秀实也对冯铿的作品给以好评，在他编写的于 1931 年 10 月 5 日由日本东京四六书院出版发行的"国际无产阶级文学选集"第 3 册

《中国小说集·阿Q正传》，收有《冯铿小传》和《女同志马英的日记》，尾崎秀实称赞这是一部"有意义的作品"，认为这部作品是作者经过"苦思"创作的。

　　冯铿原本还计划写一部反映苏区生活的长篇，可惜没有实现。这些作品主要来源于第二手材料，写作时间也较匆促，因而人物形象还欠鲜明、丰满，艺术技巧难免有点粗糙，但它毕竟在冯铿创作生涯上达到了新的思想高度，在题材上也有新的开拓从描写知识分子到表现工农大众，从诉说劳动妇女的苦难到描绘她们的战斗生活，从暴露旧社会的黑暗现实到歌颂新世界的光明前景。

被收入《中国小说集〈阿Q正传〉》的《女同志马英的日记》

五

墙外桃花墙里血

FENG KENG

创造新的爱情

1929年夏秋之交，冯铿与柔石在一个朋友家相遇结识。虽是萍水相逢，素昧平生，但因有柔石一些作品为媒介，两人意气相投，一见如故，之后接触日趋频繁。在越来越多的相处中，他们逐渐走近，并产生了别样的情愫。这年10月，他俩同去杭州小住。冯铿的哥哥冯瘦菊当时在杭州国民党反动派办的报社工作，冯铿不愿见哥哥，只在他不在家时，看望了嫂嫂。柔石在杭州没有亲友，就带着冯铿拜访了在此教书的浙一师同学、"晨光社"同人魏金枝等好友。

冯铿真正对柔石产生爱慕是在他们从杭州回来不久，柔石

柔石

最负盛名的中篇小说《二月》由上海春潮书局出版了。冯铿早些时候就读了这篇小说，对柔石的为人和才华有了较深刻的认识。她倾心于作者委婉和优美的文笔，久久不能自已。开始，冯铿并没有吐露自己的情愫，直到 10 月 14 日，冯铿给柔石写了一封信，十分坦诚地述说了自己的心声："自看了你的《二月》以后，一种神秘的、温馨的情绪萦绕着我，差不多每一件事物、每一个时间空间，我的心里总是充塞了这样不可救药的情绪，弄得自己莫名其妙，好像完全换了另一个人！这就是恋爱么？为什么呢？……"冯铿还在信中表示："我相当佩服你的强毅，你委实比我高明，不过，也还差得远，离我们所需要的人性。"接着，冯铿又激情澎湃地发出时代的呐喊："努力呀！太阳是光明的，血是鲜红的，跃动起来呀，我们的心脏！我们大家都是好兄弟、好朋友，我们互相策勉，我们互相搀扶着走上创造和寻求真理的道路。"同样，早在两人认识之前，柔石就拜读过冯铿的小说《一个可怜的女子》《月下》，那些或温婉细腻、或豪情横溢的文字，令他心动。柔石的朋友王育和说："冯的脸上略带红褐色，嘴里镶着一颗金牙，态度大方，有男子气。"虽然只见过冯铿一面，但是王育和对她的印象很深。鲁迅也说冯铿"她的体质是弱的，也并不美丽"。但冯铿那红梅一般火热而奔放的感情，以及一般女子少有的顽强性格和斗争精神，深深吸引着柔石。1930 年

10月18日（农历8月27日）柔石的生日这天，冯铿来到柔石住处，想当面祝贺他生日快乐，可惜柔石并不在家，于是冯铿留下一张纸条，失望而归。当晚，柔石回到家后，即写信给冯铿："亲爱的梅，今天我非常快乐，真是二十九年来唯一的日子，是你给我的，是你给我的！晚上没得见你，而且使你跑一趟，心里一时颇不安。"柔石过去曾为自己得不到真正的爱情而痛苦，当他得到冯铿的爱情，觉得非常快乐。

在并肩战斗中，本已相互吸引的两个年轻人感情与日俱增。在思想上，因为柔石比冯铿年长5岁，受传统文化羁绊较深，因袭的旧思想包袱也重。后来随着人生阅历的增长，特别是到上海、接受了进步思想后，才转移到革命上来。柔石和妻子吴素瑛之间是没有爱情的婚姻，这也是当时社会的普遍现象。虽然柔石曾教她识字，努力弥补双方差距，但是由于种种原因，双方缺乏共同的语言、相同的旨趣，缺乏感情的基础。并且，五四运动以后提倡男女间的自由恋爱，提倡个性解放，在城市里已经蔚然成风，这对生性敏感、感情丰富的柔石来说，自然更容易产生内心的苦闷。1928年除夕，妻子要他循旧俗送祭灶司，两人发生口角，结果他黯然神伤，独自饮泣。以致一年后在上海过除夕，他在日记里回想起，仍是记忆犹新，"近来常不知不觉地想起自己的命运，竟不知为什么，总想到凄凉的国土里去。想想妻的不会说话，常是一副板滞的面孔，有时还带点凶相，竟使我想得流出泪来"，正因为他从未品尝过爱情的甜美，所以更感受到爱情宝贵。

冯铿则不然，她所处的广东潮汕地区，历来是开风气之先的地方，五四新文化运动和大革命浪潮的冲击，更是使这块土地洋溢着浓郁的时代气息。而又因为她从小在教会学校长大，深受西方教育熏陶，更由于其家庭关系，思想更趋解放。她的姐姐冯素秋早在五四运动前两年即与人自由恋爱，曾轰动了古老的潮州城，但旋即遭社会封建势力的压迫和歧视。姐姐对社会的叫号悲歌、怒目痛骂给了她极大影响。姐姐最后抑郁而死，更激起冯铿谋求妇女解放、反抗不合理社会制度的斗争意志。

冯铿是个极富才情的新女性。虽然她比柔石年轻，但她热情奔放、大胆泼辣，要求个性解放的意识非常强烈。这种爱憎分明的炽烈感情，对柔石自然产生良好作用，并最终使得柔石与她在创作和革命的道路上携手前进。1930 年 5 月，在冯铿的鼓励下，柔石经浙一师老同学、也是"晨光社"同人冯雪峰的介绍加入共产党。同月，他和冯铿还以"左联"代表身份，参加了在上海举行的全国苏维埃区域代表大会。同年 10 月 20 日，柔石考虑再三，终于写信给冯铿旧日恋人许美勋，谈自己与冯铿相爱。柔石认为自己与冯铿的相恋，也更多的是基于共同的革命理想。信中写道："我是一个青年，我当然需要女友，但我的主旨是这样想：'若于事业有帮助，有鼓励，我接受，否则，拒绝！'……如冯君与你仍能结合，仍有幸福，我定不再见冯君，我是相信理想主义的，我坦白向兄这样说。""这其间，存在着我们三个的理性的真的爱情，希望兄莫责备冯君。我们的前途是光明的，我们所需要做的事业。恋爱，这不过是辅助事业的一种次要品。"10月27日，许美勋回信，表示接受并支持他们相爱，且表明了达观坦荡的态度："你、我、她三人间都要为事业来牺牲各自的个人的利益，对于恋爱，应该不太执着无谓的苦闷、嫉妒、猜疑、占有……都要一刀两断的割弃！"11月，由于政治环境变化，与柔石同住在景云里亭子间的共青团员徐之千暴露了，大批巡捕前来搜捕，未获。柔石随即转到北四川路永安里暂住，不久又搬到静

冯铿和柔石画像

安寺泰利巷同冯铿住在一起。

　　柔石和冯铿的创作道路十分相似。两人同是思想进步的青年作家，都做过中小学教员，受过五四新文化运动的洗礼，有一定的文学创作成绩。到上海后，又都不约而同以鲁迅为师。柔石受教于鲁迅是众所周知的。鲁迅替他校对过长篇小说《旧时代之死》校样，为他的中篇小说《二月》作小引，并推荐他当《语丝》杂志编辑，而且还在鲁迅帮助下，创办《朝花旬刊》和《朝花周刊》，并翻译了大量东欧文学作品。据《鲁迅日记》1929 年 12 月 31 日记载"上午寄还岭梅诗稿"，可见冯铿也常以诗文向鲁迅请教。1930 年秋，冯铿与柔石同居，所以与鲁迅接触较以前更加频繁了。同年 9 月 17 日，她出席了"左联"为鲁迅举办的五十寿辰纪念会，呼吁发展普罗文学，尊鲁迅为"左联盟主"。同年 11 月 22 日，《鲁迅日记》载："晴。晚密斯冯邀往兴雅晚饭，同坐五人。" 1931 年 1 月 12 日，《鲁迅日记》也载"晚平甫及密斯冯来，并赠新会橙四枚"。在鲁迅帮助下，两人创作成绩斐然。柔石陆续出版了不少小说和诗歌及译作；冯铿的小说《突变》《乐园的幻灭》也成为当时"普罗文学"代表作，小说《红的日记》还是生活在国统区作家最早描写工农红军的作品。并且，冯铿对柔石的影响是极大的，鲁迅在《为了忘却的记念》中写道："他（按：指柔石）说的并不是空话，真也在从新学起来了，其时他曾经带了一个朋友来访我，那就是冯铿女士。谈了一些天，我对于她终于很隔膜，我疑心她有点罗曼谛克，急于事功；我又疑心柔石的近来要做大部的小说，是发源于她的主张的。但我又疑心我自己，也许是柔石的先前的斩钉截铁的回答，正中了我那其实是偷懒的主张的伤疤，所以不自觉地迁怒到她身上去了。——我其实也并不比我所怕见的神经过敏而自尊的文学青年高明。"

对于冯铿和柔石的爱情，是决不能用世俗眼光去看待的。在爱情问题上，柔石有过长期痛苦的思索。在他的日记里，虽然也常记载着他对妻子和爱情问题的种种感想，除了感喟自己得不到爱情的痛苦外，也表现了对旧中国妇女的深切同情。后来，他也遇到过一些对他很有感情的女性，但他总是设身处地为对方的幸福着想，决不放纵自己的感情，在爱情问题上采取了十分严肃的态度。他和冯铿恋爱时，也有激烈的思想斗争。在"左联"同志们的帮助下他认识到他们的结合有利于革命工作，"能配合我们的事业和理想"，就冲破思想上的顾虑，毅然与冯铿建立了爱情关系。

显然，他俩是以共同的志趣、事业和理想作为爱情的基础。冯铿反封建反礼教的强烈个性，给柔石增添了无穷的勇气，她对柔石文学创作的鼓励和赞美，也给柔石带来了极大的鼓舞。在冯铿支持下，柔石开始酝酿写一部表明自己新转变的长篇小说《长工阿和传》。可惜的是，最终未能成稿，我们也无从一睹这部反映旧社会浙东农民生活的长篇小说，只能从他遗稿中写的大纲来揣测小说的梗概。

干革命第一就是牺牲

1931 年 1 月 17 日下午，冯铿与柔石在王育和家中吃完饭后，一起与党内多名重要干部在上海公共租界三马路（今汉口路）东方旅社房间举行秘密会议，讨论重大问题，反对扩大的六届四中全会精神。由于叛徒唐虞告密，会议中间，电路突然被切断，一个特务乔装"茶房"，伪称检修电线，电灯一亮，埋伏在外边的特务立即冲进去，冯铿被捕了。这次被捕是国民党上海市公安局会同租界巡捕房一起实施的。同时被捕的有柔石、殷夫（白莽）、胡也频以及林育南（李少堂）、彭砚耕（刘后青）等 8 人。随后，他们就被连推带打地押上了囚车。次日早晨，守候在 31 号房间的敌人又捕去前往该房间的李伟森、王青士（王子官）等 3 人。敌人两次在东方旅社抓人，计 11 人。1 月 17 日至 21 日的 5 天内，国民党上海市公安局会同租界巡捕房分别在东方旅社、中山旅社和其他多处秘密机关中先后实施抓捕，总数有 36 人，均被拘禁在老闸捕房。

东方旅社

　　冯铿参加的这个会议本与"左联"无关，是党内一部分同志反对王明的六届四中全会的集会。1931年1月7日，中共中央在上海召开了六届四中全会的扩大会议，这次会议使王明进入了党的最高领导机关。四中全会后不久，党中央的领导权实际上由得到共产国际代表米夫全力支持的王明所操纵，开始王明"左"倾教条主义对中央的统治。此外，六届四中全会没有开展新的政治路线、方针政策的讨论，除了领导人员的调整，也没有通过什么政治性的决议案。但是王明《两条路线》的小册子实际上成为全会以后的政治纲领。在王明进入中央领导机构以后，又增写了

《再版书后：或对小册子的补充》，将小册子改名为《为中共更加布尔塞维克化而斗争》。这个"左"倾教条主义政治纲领比李立三的"左"倾错误更坚决，形态也更完备，且更具理论色彩。六届四中全会明显破坏党的民主集中制，王明在党内缺乏威信，导致党内出现反对四中全会的风潮。

六届四中全会后，罗章龙等人以召集紧急会议反对四中全会而斗争的名义，进行分裂活动。李伟森、何孟雄等从党的利益考虑的共产党人，反对六届四中全会，反对王明"左"倾教条主义领导，坚持党内斗争，反对罗章龙等的分裂活动。其中，起主要作用的是李伟森，那时他年纪还很轻，非常积极。冯铿在"苏准会"秘书处工作，殷夫在团中央编《列宁青年》，都和李伟森有来往。胡也频在 1930 年 6 月才入党，但很活跃。他们都不满六届四中全会，因此参加了那个集会。冯铿与其他四位"左联"盟员，在这次会议中担任的是宣传工作。事情发生的 一瞬间，冯铿便预感到最后的命运，一时像乘着电梯从十几层楼上下降时那样全身坠入无底深坑似的，但很快就着地了，很快就稳定、坚强起来。因为平时就有了充足的思想准备，干革命第一就是牺牲，自古以来就没有人身保险的革命事业。冯铿曾经说过："从我举起手念着入党誓词那一瞬起，便决心牺牲了的！我如果不是抱着牺牲的决心，那我为什么在 1927 年反动派背叛革命，我们党转入地下以后才加入呢？牺牲，牺牲是伟大的！""假使世上没有革命者，没有这一班损己利人，'摩顶放踵利天下为之'的'先天下之忧而忧，后天下之乐而乐'的伟大的中国共产党，那么，帝国主义就可以永远统治我们中国，反动派就可以永远压迫人民。可是这是不合理的、不可容忍的现象。我们共产党为祖国独立、为人民解放而革命，这事业就是人类最伟大、最光荣的；为着这，什么都可以牺牲。我们的牺牲是有伟大代价的，想象将来革命成功，祖国独立，人民得到解放，青年们能够好好学习，好好恋爱、愉快、活跃、美丽。再不会像我们这一代青年，好像长在石头下面的花草……老年人得到休养，不用满头白发还在牛马似的做苦工……能够为实现这样的时代而牺牲，是幸福的，亦是愉快的！"

很快，1月19日，租界法庭开庭，5个青年作家被押到法庭上来了，个个蓬头垢面，有的穿西装，有的穿长袍。殷夫穿的是长袍，柔石是穿西装的，近视眼镜不知哪里去了。大家脸上都有些浮肿，浮肿得最厉害的是冯铿。当时不仅冯铿，所有被告本来都准备着在法庭上进行一番辩论和斗争。除了聚会，他们毕竟没有实际的"违法"行动被抓获，更没有物证，他们要当着听众，要利用舆论，利用帝国主义虚假的民主，力争解脱困境。不料租界法庭这回连虚假的民主也不要了，审问刚刚开始，就在刹

国民党淞沪警备司令部门楼

那间突然结束。连判决书也听不清楚，只来得及听到"引渡"两字。"不服判决！"冯铿再也不能抑制，愤怒万状，冲口而出！被告人亲朋请来的律师等虽提出抗议，但法官只顾匆匆退庭。法警们好像早已准备好，蜂拥而上，强脚硬手，将"被告"们拖了下去。1月23日，他们被一起押解到龙华国民党淞沪警备司令部看守所。柔石在1月24日给冯雪峰的信中写道："我与三十五位同胞（七个女的）于昨日到龙华。并于昨夜上了镣，开政治犯从未

冯铿画传

上镣之纪录。"

在狱中，大家都很镇定、很轻松，还订了学习计划。柔石向殷夫学德文，他前额亮晶晶地仍戴着近视眼镜。胡也频仍保持着活泼小伙子的气概，想完成他的长篇。李伟森庄重地维持他在主持《上海报》时的风度。殷夫坚决不愿把被捕的消息传到外面，他虽然只有22岁，但已经和他的哥哥——一个国民党师长断绝关系了。而冯铿在监狱里，第一次有了充裕的时间，她在心里默诵古人的诗歌。她以一个女性的细密，发现了历届犯人在墙壁上留下的时光痕迹，那些模糊的线条，记录了失去了自由的囚犯们的心情感受，谜语、打油诗、漫画、留言、菜谱、日历、豪言壮语，她丝毫都没有感觉到死神的临近。

天寒地冻，每天吃的是猪狗不如的饭食，睡的是冰冷的地板，穿的是单薄的囚衣。凛冽的北风吹裂了冯铿手脚的皮肤，非人的生活折磨得她痛苦不堪。因为缺乏营养，冯铿的身体开始浮肿，脸庞也呈出青菜色。浑身长满了虱子奇痒难熬，夜间都难以入眠。柔石在2月5日捎信给同乡王育和说："在狱已半月，身上满生起虱来了。这里困苦不堪，饥寒交迫。冯妹脸堂青肿，使我每见心酸！"由于每天受尽敌人酷刑拷打，回到牢里经常痛得满地打滚，直至昏迷。但冯铿苏醒后仍高呼口号，每呼一句口号都给她增添了无穷的力量。敌人始终都难以撬开冯铿的嘴巴，从她那里得到党组织的丁点消息。冯铿这位坚强的共产党员，早已将自己生死置之度外，她始终牢记入党时的誓言："宁可牺牲！永不叛党！"在敌人面前始终保持着一名共产党员宁死不屈的崇高革命气节。在监狱里，冯铿用坚强的意志挺过了敌人的严刑拷打，所有摧残肉体的手段，都未能使冯铿屈服。"我们的同志都很坚强，都无愧于做一个中国共产党员！我要和他们比赛，看谁更坚强，看谁更伟大！"他们自从被分开单独监禁、分开审讯、刑打后，冯铿每次听到有关他们的不屈、坚强，给反动派以辛辣、深刻、有力的斥责、讽刺以后，她愉快得喊起来。虽然被隔离单独监禁，同监狱同志们甚至其他难友，都能够设法传递消息，互通声气。有一次，冯铿在米饭里发现了一个纸团，展开之后是一行铅笔字："要求公开审判，家人正筹巨额赎金，或可脱难。"冯铿从笔迹上看到了李伟森，看到了党的营救。革命者到处有的是群众，有的是同情、爱护。她在监狱里体会到革命力量的充沛，真是"无孔不入，无微不至"，革命真同空气一样。

在监狱里，冯铿想得很远：她想起了爱人、父母、兄姐，想起了自己的流亡和成长，想起了被杀的幼弟和纯朴的洪妹，想起了秋瑾诗中"秋风秋雨愁煞人"的名句，想起了初到上海时畅游龙华观赏桃花的情景，更想起了敬爱的彭湃同志也牺牲在龙华这个地方……就这样，她经受起"炼狱"的考验，始终坚贞不屈，巍然屹立！

血洒龙华

最早透露1月17日被捕的一批共产党员、左翼作家新闻的是英文报纸《密勒氏评论报》。1月18日清晨，柯伯年在英文报《密勒氏评论报》看到冯铿等人被捕的新闻后，匆匆走到南强书局的楼上，也不打招呼，在围听的几个人中间朗读昨天被捕的一批共产党员、左翼作家的新闻。他一边读英文原文，一边自己当翻译，很清晰地念出几个熟悉的名字：李伟森、柔石、胡也频、白莽和女作家冯铿，又名岭梅，年纪二十四……

在他们被捕后，中国共产党及被捕同志家属，专门成立营救委员会，设法营救他们。营救委员会由罗章龙、史文彬夫妇、陈虞卿等组成，参加者还有济难会同志，并派家属送物品夹信件，互通情报。而帝国主义者和国民党反动当局取得默契，狼狈为奸，以迅雷不及掩耳的速度于1月19日"判决"将被捕同志引渡给后者，又打乱了营救的部署。尤其严重的是，上海官方一面公开否认从租界当局接受引渡一事，一面又火速将一干人犯秘密押送龙华警备司令部，这就意味着国民党反动当局的重视程度及其用心。中央特科在得到中央政治局关于营救相关同志的指示后，准备在敌人押解被捕同志的囚车到淞沪警备司令部时，在龙华与租界的交界处劫车。但由于时间差错，劫车失败。

2月7日深夜，龙华监狱的几重铁门突然打开，一队宪兵冲了进去，荷枪实弹，如临大敌，将同案中包括"左联"五位青年作家在内的24人逐一点名，诡称移解南京大牢，实则秘密枪决。反动军警把他们分成几组，用手铐互相联锁着，拖到龙华警备司令部后院，即行枪毙和活埋。此刻，即将英勇就义的同志被分成两行，大家都相互搀扶和鼓励着走向刑场，"哗—哗—哗"的拖地脚镣声打破了大地的静寂，犹如一曲悲壮的英雄赞歌！经历过一阵可怕的枪响过后，前面的同志来不及呼喊口号便应声倒下！而紧跟后面的冯铿却毫不畏惧地冲上前高喊口号："中国革命成功万岁！""世界革命成功万岁！……"又一阵乱枪响起，倒在血泊中的冯铿挣扎着站了起来，继续呼喊着口号。乱枪中冯铿的头部和胸部中了多弹，殷红的鲜血把她定格在24岁花季年华之中！

2月12日，中共中央机关报《红旗日报》报道革命同志牺牲的消息。在得知"左联"五位同志牺牲后，冯雪峰曾多方奔走，试图通过报界公开披露冯铿等人被害的消息，终于找到了袁殊主编的《文艺新闻》。袁殊在听取了冯雪峰的陈述后，即在3月30日的《文艺新闻》上以"读者来信"的方式刊登了冯雪峰以"蓝布"为笔名写的《在地狱或人世的作家：一封读者来信／探

《走向刑场》油画（王少伦绘）

听他们踪迹》，信中称"传说柔石、胡也频、殷夫、冯铿等人失踪，据说他们已被枪毙云云"。这是新闻界第一次公开透露"左联"五作家被捕后的消息。4月13日，《文艺新闻》又在第5号第1版头条以《呜呼。死者已矣——两个读者来信答蓝布／李伟森已长辞人世》为题，刊登了冯雪峰化名"曙霞""海辰"写的两封读者来信，信中披露了五作家已于2月7日被杀害的消息，并评论道："大批枪杀青年作家，在中国还是第一次，恐怕在全世界的文学史上亦是很少见罢。他们为了文学竟受到这样残酷的牺牲，这恐怕不是他们意料所及，亦不是我们读者所能梦想的罢！"随后，《文艺新闻》第6号2版头条位置又刊出了冯雪峰提供的"左联"五作家的照片。冯雪峰的"读者来信"不仅第一次以确切的身份公开披露了五作家遇害的消息,而且为"左联"对五作家遇害事件的报道和宣传确定了"为了文学而牺牲"的基调,"左联五烈士"的群体形象由此定型。

在通过《文艺新闻》向外界透露五作家遇害的消息的同时,"左联"内部也在筹备关于五烈士的纪念活动。1931年2月,冯雪峰接任"左联"党团书记,他上任后以"左联"的名义出版《前哨》"纪念战死者专号",这是"左联"筹备中的《前哨》杂志的创刊号。《前哨》"纪念战死者专号"的创刊和出版是纪念"左联"五烈士的一个重要步骤。在这一期杂志上,刊出了《中国

冯雪峰

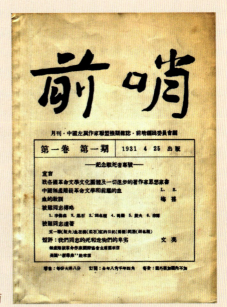

《前哨》创刊号封面

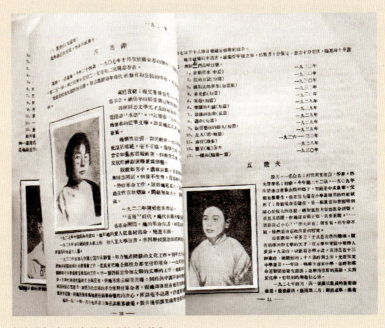

《前哨》中发表的《冯铿小传》

为编辑《前哨》"纪念战死者专号",鲁迅和冯雪峰通宵工作。完成后,两家到照相馆合影以作纪念。

48 THE SACRIFICE

为悼念冯铿等烈士殉难,鲁迅选了德国女版画家凯绥·珂勒惠支的版画《牺牲》刊登在 1931 年 9 月 20 日出版的《北斗》杂志上

冯铿画传

左翼作家联盟为国民党屠杀大批革命作家宣言》（简称《宣言》）、《中国左翼作家联盟为国民党屠杀同志致各国革命文学和文化团体及一切为人类进步而工作的著作家思想家书》（简称《公开信》）、L. S.（鲁迅）的《中国无产阶级革命文学和前驱的血》、梅孙（许美勋）的《血的教训》、"被难同志传略：1.李伟森 2.柔石 3.胡也频 4.冯铿 5.殷夫 6.宗晖"、"被难同志遗著：《五一歌》（殷夫）《血在沸》（柔石）《红的日记》（冯铿）《同居》（胡也频）"、文英（冯雪峰）的《短评：我们同志的死和走狗们的卑劣》、无产阶级革命作家国际协会主席来信、美国《新群众》社来信。其中，在《中国左翼作家联盟为国民党屠杀同志致各国革命文学和文化团体及一切为人类进步而工作的著作家思想家书》写道："李伟森是富于文学天才的，兼及于社会问题的著述家，有多种著译书籍；柔石和胡也频是有相当社会地位和很长的创作生涯的小说家；殷夫是优秀的新进诗人；冯铿是新进的稀少的妇女作家。这些都是中国新文学界的精华。"此外，"左联"在《为纪念被中国当权的政党——国民党屠杀的大批中国作家而发出的呼吁和宣言》中说："冯铿是中国新诞生的最出色和最有希望的女作家之一。"

除了拟定刊于《前哨》"纪念战死者专号"上的《宣言》和"公开信"，"左联"还在 4 月 19 日就"国民党屠杀大批革命作家"向高尔基发出了一份"呼吁书"。"左联"还特别请求高尔基把这个呼吁书广泛地传播出去,并请其"发出一个国际的呼吁书"。"左联"的呼吁很快得到了回应,国民党反动派残害五位左翼作家的暴行,立即引起了世界进步文化人士的强烈抗议。当时苏、法、德、美、日等国家的进步作家以"国际革命作家联盟"的名义,发表了《为国民党屠杀中国革命作家宣言》,揭露国民党反动派的罪行,号召全世界的文艺家起来共同抗议国民党当局对中国左翼作家的迫害。苏联的《世界革命文学》杂志和美国的《新群众》杂志,都刊载了专辑表示声援。匈牙利、波兰、捷克、罗马尼亚、保加利亚等许多国家的知名作家,也都纷纷对此提出抗议。

当夏衍把冯铿牺牲的消息告诉史沫特莱时,这位美国著名进步女作家悲愤万分,失声痛哭。史沫特莱与冯铿的交往缘于1930年9月17日,"左联"的冯雪峰、柔石等通过史沫特莱在法租界的一家荷兰人开的餐馆为鲁迅五十寿辰举行了一个纪念会,冯铿和柔石、李伟森出席了这个纪念会。这个纪念会一半是提前纪念鲁迅的五十寿辰(鲁迅的生日是9月25日,阴历八月初三),一半应该看作是"左联"部分成员的一个特别聚会。作为这个纪念会的发起人之一,冯铿在会上发言,她谈到发展无产阶级文学的必要性,并呼吁鲁迅成为左翼作家联盟和左翼美术家联盟的保护

史沫特莱

者和"导师"，史沫特莱对冯铿的演说印象深刻。美国记者斯诺在《我在旧中国十三年》一书中评价：在宋庆龄遭遇到的失败中最使她感到悲痛的是 1931 年中国左翼年轻作家牺牲的事件。被杀害的人中，有一位是有才能的女小说家冯铿。

1933 年 2 月 7—8 日，为纪念"左联"五烈士遇害两周年，鲁迅又写了《为了忘却的记念》一文。文章回忆了与冯铿等人的交往，他说："我们的几个遇害的同志的年龄，勇气，尤其是平日的作品的成绩，已足使全队走狗不敢狂吠。然而我们的这几个同志已被暗杀了，这自然是无产阶级革命文学的若干的损失，我们的很大的悲痛。这证明了反动派是在灭亡中的黑暗的动物"。"我沉重的感到我失掉了很好的朋友，中国失掉了很好的青年"。

"左联五烈士"遗像和鲁迅《为了忘却的记念》的手稿（下方右侧）

1950年3月27日，中央内务部部长谢觉哉签发部令，要求上海市人民政府对发生在30年代初的一起中共干部和左翼作家被害案进行调查。部令函指示："希你府派员负责调查先烈等坟址，详为勘验，如有坍毁之处，即予以修补，妥为保护为要，并将办理结果详报本部。"据此，陈毅市长和潘汉年、盛丕华两位副市长作出批示。上海市人民政府组织人员挖掘冯铿、林育南、李求实、何孟雄等烈士的遗骸。同年4月5日，据有关人士指证

冯铿画传

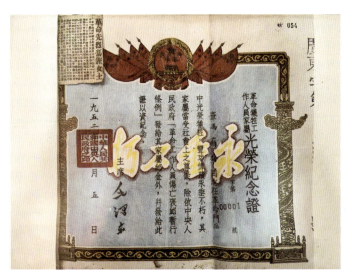

冯铿烈士《革命牺牲工作人员家属光荣纪念证》

挖掘后，烈士遗骸出土。最瞩目的是，发现了一件被确认为冯铿平时爱穿的已腐烂掉一半的手织羊毛蓝色背心。也正是这件背心，才确认了他们的身份，上海市人民政府为24位烈士造墓合葬。

1952年4月，毛泽东主席亲笔签发革命牺牲工作人员家属光荣纪念证书，而冯铿（冯岭梅）的《革命牺牲工作人员家属光荣纪念证》是00001号。

1981年，上海烈士陵园将24烈士殉难处辟为纪念地，树立"龙华革命烈士就义地"碑。此后又兴建了龙华烈士陵园，邓小

左联纪念馆内的"左联五烈士"雕像

许美勋牢记与冯铿"谁后死,谁就代写传记"的约定,于1957年9月出版《冯铿烈士》

平题写"龙华烈士陵园"园名，江泽民题写"丹心碧血为人民"碑铭，陈云题写"龙华烈士纪念馆"馆名。冯铿烈士的事迹、羊毛蓝色背心、眼镜、铜钱、手稿等遗物陈列在龙华烈士纪念馆内。冯铿等"左联五烈士"的塑像耸立在上海多伦路文化名人街上。上海左联纪念馆、鲁迅纪念馆通过照片、实物以及各种现代展示手段，形象生动地介绍了"左联"的历史、冯铿等"左联五烈士"生平事迹、文章手稿等。

冯铿从一个进步的小资产阶级知识分子成长为一名光荣的共产主义战士、优秀的无产阶级作家，经过了艰难曲折的历程。她的小说创作从诉说劳动人民的苦难到描绘他们的战斗生活，从暴露旧社会的黑暗现实到讴歌新世界的光明前景，思想境界不断提高，艺术技巧逐步成熟，已成为中国无产阶级革命文学的珍贵财富。她为所生活的时代，为党和人民的事业，毫不吝惜地献出了自己的一切。她的生命和她的作品都将是不朽的！

冯铿大事年表

1907 年

11 月 15 日（农历十月初十） 出生于广东潮州云步村。

1915 年

在潮州一所新旧合璧的小学学习。

1917 年

举家迁往汕头崎碌。不久移居汕头市商业街尾 52 号，小楼濒临海滨，门外写着"海屋"二字。后进入汕头新式小学礐石正光女校读书。

1920 年

从汕头礐石正光女校毕业。

1921 年

春 入汕头友联中学学习。成为"友中月刊社"的骨干，《友中月刊》曾寄给赠鲁迅求教，并得到鼓励和赞许。

1923 年

夏 与父亲的学生许美勋结识。许美勋（1902—1991），潮安县安乡旗地村人，笔名许峨。

秋　火焰文学社成立，在《大岭东日报》开辟副刊《火焰》周刊，由许美勋与冯瘦菊轮流任主编，冯铿积极参加文学社活动并发表多篇文学作品。

1924 年

2 月　姐姐冯素秋病故。姐妹情深，悲痛难忍，诗歌《深意（四一）》（1925）、《和亡姐说的话》（1926）均为怀念姐姐而作。

1925 年

春　进入汕头友联中学高级部学习。

3 月　作为汕头学生联合会代表在一个星期日组织学生慰劳小队，到近郊金砂乡慰问第一次东征的革命军。

6 月　为支援上海"五卅"罢工运动募捐，自编自导爱国话剧公演。期间，已与许美勋相恋。

9 月　在《友联期刊》第四期上发表文章《改造家庭的我见》《学生高尚的人格》《人对自己有应尽的本务》；诗歌《送春》《和友人同访死友的墓》；小说《一个可怜的女子》《月下》。署名皆为冯岭梅。

11 月 7 日　革命军第二次东征进入汕头，冯铿与许美勋一起参加十月革命纪念及军民联欢大会，见到了周恩来和加仑将军。

12 月　任友联中学学生会执行委员，学艺部出版科长，编辑《友联期刊》。为《友联期刊》第五期作《开篇语》一篇；发表文章《破坏和建设》《妇女运动的我见》；诗歌《月儿半圆的秋夜》《幻》《芙蓉》《国庆日的纪念》《印象》《秋意》；小说《默思》《从日午到夜午》《风雨》《海滨》；散文《休假日游记》。署名皆为冯岭梅。

冬 代表汕头学联会出席汕头总工会大会，聆听工人运动领袖杨石魂报告，深受鼓舞。

1926 年

夏 毕业于友联中学。在该校女子部当了一个短时期的教员。

年底 与许美勋同居。

是年 陆续在汕头《大岭东报》副刊《火焰》及《岭东民国日报》副刊《文艺》发表诗歌《暗红的小花》《花》《斜阳里》《你赠我白烛一枝》《凄凉的黄昏》《深意》（一百首）《隐约里一阵幽香》《听，听这夜雨》等；散文《开学日》《夏夜的玫瑰》；小说《觉悟》。署名冯岭梅、岭梅。

1927 年

春 与许美勋一起离开汕头，到潮安县宏安乡宏南小学任教。同时，二人也为该村农会办夜校识字班。

4 月 为躲避搜捕，到邻村金砂乡亲戚家避难。几天后，又女扮男装，逃到桑浦山里的新寮村。接着又不断转移，开始了在农村的流亡生活。

秋　冒着危险回到白色恐怖的汕头。

9 月 23 日至 9 月 30 日　南昌起义军到达潮汕，即"潮汕七日红"期间，热情参加了活动，第二次见到周恩来同志。

是年　创作《乡居》(诗四首)。

1928 年

春　与许美勋一起离开汕头，到澄海县立小学任教，她还兼任县立女校教员。不久，二人因坚持正义，先后被解除教职。

6 月　与许美勋一起回到汕头。

夏　与许美勋同去庵埠镇，隐居在朋友陈若水家名叫"亦园"的书斋楼上写作。

是年　诗歌《晚祷的钟声》《待——》《莫再矜持》(署名岭梅)、散文《海滨杂记》(岭梅女士)在《白露》半月刊发表。创作小说《C 女士的日记》《最后的出路》；创作独幕剧《胎儿》(署名绿萼)等。

1929 年

2 月 24 日　与许美勋一起乘船去上海。到上海第一天，冯铿便到南京路凭吊"五卅"血案的遗迹。二人同住在上海北四川路公益坊三十八号南强书局楼上的亭子间，许美勋在南强书局做编辑工作。

冯铿先是进持志大学英语系读书，不久因学校腐败和经济拮据而中断；后转入复旦大学英语系，不久又因工作需要和经济困竭而辍学。开始从事革命工作，参加"飞行集会"、写标语、散传单、到工人区去活动等。

5月 由杜国庠、柯柏年介绍，与许美勋一起加入中国共产党，组织关系在闸北区委第三街道支部，代号"贾珊小姐"。从此开始革命工作，成为职业的革命者。

5月 参加"五卅"纪念示威游行。

秋 与柔石同去杭州，游玩了西湖，柔石去看望了魏金枝。冯铿的哥哥冯瘦菊住在杭州，她只去看望了嫂嫂，不愿见时任上海现代书局总编、为杭州《黄钟》半月刊写稿、提倡"民族主义文艺"的哥哥。

12月 将诗稿送给鲁迅请教。《鲁迅日记》载：十二月三十一日，上午寄还岭梅诗稿。

是年 诗歌《春宵》《这帘纤的雨儿》(署名岭梅女士)、《晨光辐辏的曙天时分》(署名雷若)在《白露月刊》发表。诗歌《高举杯儿》、小说《遇合》(署名岭梅女士)在《北新》半月刊发表。诗歌《秋千》《离愁》(署名岭梅)、小说《C女士的日记》(署名绿萼)、《女学生的苦闷》(署名冯占春，为《最后的出路》前六章)

在《女作家杂志》创刊号发表。创作小说《无着落的心》等。

1930 年

3 月 2 日　与许美勋一起去中华艺术大学，出席中国左翼作家联盟成立大会。二人第一次公开新的名字冯铿、许峨。

4 月 29 日　出席"左联"第一次代表大会。大会委派冯铿与柔石、胡也频参加即将在上海举行的全国苏维埃区域代表大会。

5 月 1 日　参加"左联""五一"示威游行。

5 月　出席全国苏维埃区域代表大会。会议期间，冯铿与苏区的红军代表、妇女代表、少先队代表进行了交谈，并以他们的事迹为素材，创作了小说《小阿强》《红的日记》。

5 月 29 日　"左联"第二次全体大会召开，由柔石传达苏维埃政府土地法。

6 月　冯铿被派到全国苏维埃代表大会中央准备委员会秘书处工作。

9 月 17 日　出席鲁迅五十寿辰纪念会。在发言中，冯铿先谈了发展无产阶级文学的必要，最后向鲁迅呼吁，希望他成为左翼作家联盟和左翼美术家联盟的保护者和导师。

9 月 26 日　柔石的生日，拜访未遇，后收到他充满爱意的回信。

9月30日　中国国民党中央执行委员会秘书处发出陈立夫签署的15889号公函，并"特抄同原附名单函达"（冯铿、柔石、鲁迅等列名其中）。公函饬令取缔、查封自由运动大同盟、"左联"等组织，对进步团体"一律予以取缔""缉拿其主谋分子，归案究办"。

10月14日　写信给柔石，表达爱慕之情。

10月20日　柔石写信给许美勋，坦承他与冯铿在一个月前已相爱。

10月27日　许美勋回信，表示接受并支持他们相爱。

11月22日　由柔石陪同去见鲁迅，此时二人已同居。《鲁迅日记》载：晴。晚密斯冯邀往兴雅晚饭，同坐五人。

12月　去胡也频家中参加"左联"会议。"左联"借胡也频儿子满月之名布置"汤饼会"，研究讨论文艺运动问题。

是年　小说《乐园的幻灭》（署名冯铿，第一次使用该笔名）、《突变》（署名冯铿）在《拓荒者》月刊发表；小说《小阿强》（署名冯铿）载《大众文艺》月刊；小说《友人C君》（署名岭梅）载《北新》半月刊；日记体小说《女同志马英的日记》（署名冯铿）载《现代文学》第四期（初印本，北新书局出版）。创作杂文《一团肉》，小说《重新起来》《贩卖婴儿的妇人》《华老伯》等。编选了诗集《春宵》，短篇集《铁和火的新生》。

1931 年

1月1日　小说《贩卖婴儿的妇人》(署名岭梅女士）载《妇女杂志》第 17 卷第 1 期。

1月上旬　与许美勋一起在上海虹口公园游玩，这是二人最后一次见面。

1月12日　与柔石一起去鲁迅住处聊天。《鲁迅日记》载：晴。晚平甫及密斯冯来，并赠新会橙四枚。

1月17日　中午与柔石一起在王育和处吃饭。下午，在三马路（今汉口路）东方旅社房间开会时，因叛徒告密，被捕。同时被捕的还有柔石、胡也频、殷夫等人。17 日至 21 日，分别在中山旅社和其他多处秘密机关中陆续被捕的共有 36 人。

1月18日　英文报《密勒氏评论报》披露冯铿等人被捕的新闻。

1月23日　被押解到国民党淞沪警备司令部看守所。柔石在一月二十四日给冯雪峰的信中写道："我与三十五位同胞（七个女的）于昨日到龙华。并于昨夜上了镣，开政治犯从未上镣之纪录。"

2月5日　柔石写给王育和一封信，提及冯铿："在狱已半月，身上满生起虱来了。这里困苦不堪，饥寒交迫。冯妹脸堂青肿，使我每见心酸！"

2月7日 晚，被国民党反动派秘密杀害于上海龙华。同时遇害的还有李伟森、柔石、胡也频、殷夫等人。五人后被称为"左联"五烈士。

参考文献

1. 许美勋:《冯铿烈士》,广东人民出版社 1957 年版。

2. 丁景唐、瞿光熙编:《左联五烈士研究资料编目》,上海文艺出版社 1961 年版。

3. 北京师范学院编:《鲁迅日记人名索引》,北京师范学院 1976 年油印本。

4. 上海社会科学院文学研究所编:《三十年代在上海的"左联"作家》(上卷),上海社会科学院出版社 1988 年版。

5. 中共上海市委党史资料征集委员会、上海市民政局合编:《上海英烈传(第三卷)》,百家出版社 1988 年版。

6. 赵帝江、姚锡佩编:《柔石日记》,山西教育出版社 1998 年版。

7. 中共中央文献研究室、南开大学编:《周恩来早期文集》下卷,中央文献出版社、南开大学出版社 1998 年版。

8. 中共广东省委党史研究室:《中国共产党广东地方史(第 1 卷)》,广东人民出版社 1999 年版。

9. 张小红:《左联五烈士传略》,上海人民出版社 2001 年版。

10. 许其武:《十月先开岭上梅——冯铿传奇》,中国文联出版社 2001 年版。

11. 刘小清:《红色狂飙——左联实录》,人民文学出版社 2004 年版。

12. 鲁迅:《鲁迅全集(第十六卷)》,人民文学出版社 2005 年版。

13. 许再佳、黄景忠:《"左联"潮汕作家群研究》,暨南大学出版社 2020 年版。

14. 广东省城乡规划设计研究院、南粤古驿道保护利用中心主编:《沿着韩江读书:记南粤"左联"之旅》,广东经济出版社 2021 年版。

15. 詹谷丰:《山河故人:广东左联人物志》,花城出版社 2021 年版。

16. 中共上海市委党史研究室:《中国共产党上海历史　第一卷(1921—1949)》(上册),中共党史出版社 2022 年版。

17. 卫公:《冯铿传略》,《新文学史料》1986 年第 2 期。

18. 李世桥:《冯铿小说创作略论》,《南都学坛(社会科学版)》1991 年第 4 期。

19. 胡笳:《柔石与冯铿的情谊》,《瞭望周刊》1991 年第 26 期。

20．张桂枝：《傲霜岭梅　馨香无尽——冯铿创作主题解读》，《名作欣赏》2009 年第 14 期。

21．刘文菊：《"左联"女烈士冯铿简谱》，《山东女子学院学报》2019 年第 4 期。

后　记

　　天地英雄气，千秋尚凛然。习近平总书记曾深刻指出："崇尚英雄才会产生英雄，争做英雄才能英雄辈出。"在全国烈士纪念日到来之际，中共上海市委党史研究室、上海市龙华烈士纪念馆联合上海人民出版社推出"左联"五烈士的画传，致敬以沸腾热血铸就爱国情怀、民族气节、英雄气概，谱写中国无产阶级革命文学光辉篇章的革命先驱们。

　　冯铿烈士是"左联"五烈士中唯一的女性作家。她以写作表达激越的呼号、以创造走在时代的前列，展现了中国无产阶级革命文学先驱女作家、女战士的心灵世界与成长历程。她是一位作家，更是一名职业革命者，手持传单和革命文学作品两种武器，向黑暗的社会发出阵阵怒吼。为了革命事业，她坚贞不屈，矢志不渝，献出了年轻的生命。

　　忆往昔，英魂不朽；再出发，壮志在胸。在那个抛头颅、洒热血的革命年代，是他们用生命丈量、用鲜血浇灌祖国的每一寸土地。而我们现在要做的是赓续好红色血脉，把革命先烈流血牺牲打下的红色江山守护好、建设好，努力创造不负革命先辈期望、无愧于历史和人民的新业绩。这是对这些英雄最好的告慰和永远的怀念。

本书自启动以来得到了各方的大力支持。在中共上海市委党史研究室严爱云主任领导下，科研处处长年士萍全程追踪项目进度，王锡荣教授及本室研究二处处长吴海勇等专家学者对本书进行审读、把关，提出宝贵意见。在本书收集资料过程中，上海市龙华烈士纪念馆、中国左翼作家联盟会址纪念馆、中共潮州市委党史研究室、中共汕头市委党史研究室、冯铿烈士出生地纪念室等先后提供了珍贵的历史图片和原始资料。特别感谢潮州市枫溪区志办负责人翁义彬不辞辛苦，陪同作者走访冯铿烈士家乡，详细介绍冯铿烈士生平事迹，并帮助联系冯铿烈士甥孙女蔡璇铿女士（蔡梦香与冯素秋之孙女）、韩山师范学院刘文菊教授进行答疑解惑，在此一并表示衷心感谢。

由于时间仓促，虽然尽可能参考权威，但书中难免还会有疏漏、差错之处，恳请专家和广大读者批评指正。

作者

2023 年 7 月

图书在版编目(CIP)数据

冯铿画传/中共上海市委党史研究室,龙华烈士纪
念馆编;董婧著. —上海:上海人民出版社,2023
ISBN 978 - 7 - 208 - 18558 - 6

Ⅰ.①冯… Ⅱ.①中… ②龙… ③董… Ⅲ.①冯铿
(1907 - 1931)-传记-画册 Ⅳ.①K825.6 - 64

中国国家版本馆 CIP 数据核字(2023)第 177487 号

责任编辑 官兴林
封面设计 周伟伟

冯铿画传
中共上海市委党史研究室
龙 华 烈 士 纪 念 馆 编
董   婧 著

出   版 上海人民出版社
          (201101 上海市闵行区号景路 159 弄 C 座)
发   行 上海人民出版社发行中心
印   刷 上海中华印刷有限公司
开   本 720×1000 1/16
印   张 11
字   数 91,000
版   次 2023 年 10 月第 1 版
印   次 2023 年 10 月第 1 次印刷
ISBN 978 - 7 - 208 - 18558 - 6/K · 3326
定   价 72.00 元